Dietrich/Hain/Heilbock
Wandern im Pfaffenwinkel

Stöppel · Wanderführer 904

DIETRICH / HAIN / HEILBOCK

Wandern im Pfaffenwinkel

28 Wanderrouten für Naturfreunde

CIP-Titelaufnahme der Deutschen Bibliothek
Dietrich, Johann:
Wandern im Pfaffenwinkel: 28 Wanderrouten für Naturfreunde/ Dietrich; Hain; Heilbock. – Weilheim: Stöppel, 1988
(Stöppel-Wanderführer; 904)
ISBN 3-924012-23-7
NE: Hain, Johann:; Heilbock, Johann:; GT

Gestaltung und Herstellung: V. Linn, Wolfratshausen
Lektorat: Marianne Faiss-Heilmannseder, München
Fotosatz: FOAG, Oberschleißheim
Litho und Druck: Fotolito Longo, Frangart, Südtirol

ISBN 3-924012-23-7

Inhalt

Zeichenerklärung

größerer Ort

kleinerer Ort

Wander-Route
mit Richtungspfeil

Ausgangspunkt

Fluß, See, Weiher

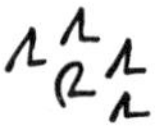
Waldgebiet

Straße
Bundesstraße

Bahnlinie

Schloß, Kirche

Berg

Topographische Karten 1:50 000 über das gesamte Wandergebiet

KOMPASS: K 188 Starnberger-, Ammersee; K 179 Pfaffenwinkel, Schongauer Land

Bayerisches Landesvermessungsamt: L 8132 Weilheim; L 8332 Murnau; L 8330 Peiting

Vorwort

Wandern im Pfaffenwinkel – eine Einladung an alle, die nicht nur die kulturhistorische Bedeutung des Pfaffenwinkels sehen, sondern auch seine landschaftlichen, botanischen und faunistischen Kostbarkeiten erleben wollen. Nur durch das Erwandern lernt man auch die verborgenen Schönheiten kennen und wird so ein noch reicheres Erlebnis mit nach Hause nehmen können.

Die Wanderungen dieses Buches wurden so gewählt, daß Fahrstraßen nur dann begangen werden, wenn der Anschluß an stillere Pfade nicht anders möglich ist. Leider sind heute manche der alten Fußwege verschwunden oder durch Fahrbahnen ersetzt worden. Auch wurden in den letzten Jahren viele Flurbereinigungsstraßen gebaut, die man in den Landkarten noch nicht findet.

Andere Wege, so die beiden großen Fernwanderrouten Prälatenweg und König-Ludwig-Weg, wurden eigens im Interesse des Fremdenverkehrs und der Wanderer angelegt. Sie sind fast durchwegs gut markiert, und wir haben sie in Teilbereichen in unsere Wandervorschläge integriert.

Wir drei Wanderführer – zwei ehemalige und ein noch aktiver – des Touristenvereins „Die Naturfreunde" der Ortsgruppe Weilheim waren bemüht, unsere schönsten Wanderungen so auszuarbeiten, daß alle, die sie begehen, unsere Freude an der Natur nacherleben können. Natürlich soll und muß man sich mit der geplanten Route rechtzeitig vertraut machen. Durch das Kartenstudium wird man feststellen, daß jeder Wandervorschlag individuell etwas variiert werden kann, kürzere und längere Strecken sind meist möglich. Weiterhin haben wir die Wege so ausgewählt, daß sie von jung und alt und bei – fast – jedem Wetter begangen werden können. Manchmal sind allerdings einige Teilstrecken, zum Beispiel nach längeren Regenperioden, in einem schlechteren Zustand, schmutzige Schuhe müssen wohl oder übel toleriert werden.

Wir wandern selbstverständlich nicht nach Zeit, sondern gehen mit offenen Augen durch den Pfaffenwinkel. Deshalb beziehen sich unsere Zeitangaben auf eine „Stundenleistung" von etwa 4 km. Längere Rastpausen sind darin nicht mit eingerechnet, und jeder sollte selber, insbesonders bei schönem Aussichtswetter, ausreichende Pausenzeiten vorsehen. Die für die beschriebenen Routen generell anzusetzenden Wanderzeiten liegen zwischen 3 und höchstens 6 Stunden.

Noch ein Hinweis: Nehmen Sie auf Ihre Wanderungen möglichst ein Fernglas mit. Mit bloßem Auge bleibt einem der eine oder andere im Zusammenhang mit den einzelnen Touren erwähnte Vogel oftmals verborgen. Auch Tier- und Pflanzen-Bestimmungsbücher im Taschenformat leisten gute Hilfe bei der Erkennung und Zuordnung der jeweiligen Vertreter aus Fauna und Flora

Ein Wort des Dankes sei an dieser Stelle unserer „Naturfreunde“-Schriftführerin Elli Dumsky gesagt für die Schreibarbeiten an dem Manuskript.

Daß alle Wanderer an den vorgestellten Routen dieses Buches ihre Freude haben, hoffen und wünschen

Johann Dietrich *Johann Hain* *Johann Heilbock*

1

Von der Pähler Schlucht zur Vogelfreistätte Ammersee-Südufer

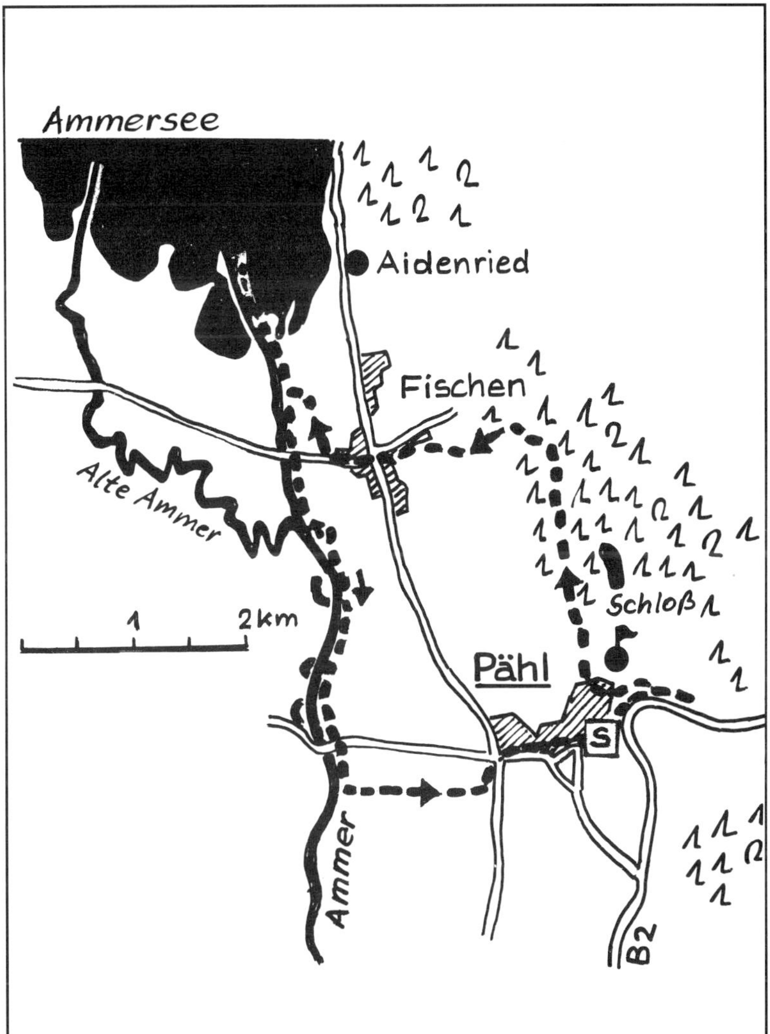

Pähl ist der Ausgangspunkt unserer ersten Wanderung, die uns durch die Pähler Schlucht zur Vogelfreistätte Ammersee führt. Pähl erreichen wir über die Olympiastraße, wobei wir unterhalb des Hirschbergs in Richtung Ammersee abzweigen, in Pähl kurz nach dem Ortsschild rechts in die Hesseloher Straße einbiegen und bis zu einer kleinen Verkehrsinsel fahren. Hier lassen wir unser Fahrzeug am Straßenrand stehen und folgen dem Schild „zur Schlucht".

Die Sternstraße führt uns zur Pähler Schlucht (nicht zur Hirschbergalm abbiegen!). Sie empfängt uns mit einem prächtigen Hochwald, der auch in heißen Sommern für eine angenehm kühle Wandertemperatur sorgt. In den letzten Schluchtbereich steigen wir begleitet von hohen Nagelfluhwänden, aus den dichten Bodensträuchern ruft der winzig kleine Zaunkönig mit einer überraschend lauten Stimme, und vor uns hören wir den Wasserfall rauschen. Wenn wir ihn erreichen, sehen wir, daß wir in einer Sackgasse gelandet sind, der Weg führt nicht weiter und zwingt uns zur Umkehr. Zuerst bewundern wir die mächtige Wand, über die das Wasser herabfällt, es ist Nagelfluh – verbackener Kies – mit unterschiedlichen Schichten von Sandstreifen bis zum gröbsten Kiesbrocken. Aber auch dem Bach sollten wir einen aufmerksamen Blick schenken, vielleicht entdecken wir einen der hier noch vorkommenden Flußkrebse, die natürlich streng geschützt sind.

Wir wandern die „Einbahnstraße" aus der Schlucht zurück und biegen dann nach rechts ab, steigen etwas bergan und erreichen Pähl. Das Schild „Fußweg nach Andechs" weist uns nach rechts auf einen Feldweg, der nach wenigen m in die zu einem Wanderparkplatz hochführende Straße einmündet. Auch wir folgen der Straße nach rechts, das Schild „Fischen" läßt uns aber gleich nach links abbiegen. Durch Wiesen, am Waldrand und später durch den Wald spazieren wir in halber Hanghöhe, bis wir nach rechts abwärts Fischen – und zwar Vorderfischen – erreichen.

In Fischen halten wir uns zuerst auf der Staße nach Diessen, bei den letzten Häusern biegt die Ammerstraße rechts ab. Ihr folgen wir und wandern durch die Fischener Wiesen zum Ammerdamm. Wir sind jetzt im Naturschutzgebiet „Vogelfreistätte Ammersee-Südufer" und dürfen deshalb die Wege nicht verlassen. An Wanderer auf dem Ammerdamm und dem zubringenden Feldweg haben sich die meisten Vogelarten gewöhnt und betrachten sie nicht als Stören-

Hochschloß Pähl

friede. Deshalb können wir aus manchmal überraschend kurzer Entfernung sonst seltene oder scheue Vogelarten beobachten. Auf den Wiesen werden wir zum Beispiel Kiebitze, Brachvögel oder die von Professor Lorenz frei gehaltenen und sich nun „wild" vermehrenden Graugänse beobachten. Vom Ammerdamm aus machen wir einen Abstecher zur Ammermündung mit Blick auf den Ammersee. Wir gehen dazu rechts den Damm flußabwärts, bis wir die Mündung erreichen.

Graugänse

Ammersee-Südufer: Der Ammersee, der einst bis über Weilheim hinaus reichte, wird durch das von der Ammer mitgeführte Geschiebe langsam aufgefüllt. Das Südufer verschiebt sich damit stetig nach Norden, während auf den alten Seeflächen weiträumige Flachmoore entstehen. Die Ammer bringt etwa 200 000 t Feststoffe pro Jahr als Geschiebe und Schwebstoffe in den See. Um die Verlandung des Südufers aufzuhalten, wurden bereits in den Jahren 1920–1924 Korrekturen am Lauf der Ammer durchgeführt. Sie wurde ab Weilheim in hohe Dämme gefaßt und weitgehend gradlinig in den Ammersee geleitet. Aber auch diese Maßnahme war nur von kurzer Dauer, der südöstliche Teil verlandete immer schneller. Also wurde 1959/60 eine weitere Regulierung notwendig, wobei man die Ammermündung weit in den See hinaus verlegte. Die eingeschwemmten Stoffe sollten in tiefere Bereiche des Sees geführt werden. Wer heute an der Mündung der Ammer steht, wird sehen, daß die neue

Verlandung bereits begonnen hat. Besonders bei Niedrigwasser heben sich Kiesbänke aus dem Wasser, die von der Vogelwelt als Rast- und Nahrungsplätze genutzt werden.

Das gesamte Ammersee-Südufer hat als Vogelparadies eine überregionale Bedeutung. Mit seinen unterschiedlichsten Biotopen ist es Heimat einer artenreichen Brutvogelwelt und im Herbst und Winter Rast- und Überwinterungsstation unzähliger Zugvögel. Wer mit offenen Augen (und möglichst mit einem Fernglas) dem Ammerdamm zur Mündung folgt, wird so manche ornithologische Rarität entdecken.

Von der Ammermündung wandern wir flußaufwärts und überqueren die Fischen-Diessener Straße. Im Bereich der Brücke können wir ein Wasseramselpaar beobachten, das schon seit Jahren hier sein Brutrevier hat. Bereits im Februar beginnen die Männchen mit der Balz, und so hört der Wanderer im tiefen Schnee plötzlich den lautstarken Gesang dieses Vogels.

Von der Fischener Ammerbrücke gehen wir weiter auf dem Ammerdamm zur Pähler Brücke. Reste der alten Auwaldbestände treffen wir unterwegs ebenso an wie versumpfte Altwasserbereiche. Auch hier finden wir eine reichhaltige Singvogelwelt vor, im Frühjahr und Frühsommer begleitet uns ihr Gesang auf unserer Wanderung.

Nach der Pähler Ammerbrücke gehen wir noch einige m flußaufwärts, dann schwenken wir nach links und nehmen den Weg am Graben in Richtung Pähl. Bei der ersten Brücke wechseln wir auf die andere Seite des Grabens, kurz vor Pähl gehen wir wieder über den Bach zur Straße. Dieser folgen wir ortseinwärts, beim Gasthaus Alte Post biegen wir links ab zur Kirche und erreichen bald wieder unser Fahrzeug.

Gehzeit:	3–4 Stunden
Besonderer Hinweis:	Wanderung mit ornithologischen Höhepunkten
Anfahrt:	Weilheim – Pähl über Olympiastraße; Starnberg – Pähl über Olympiastraße
Ausgangspunkt:	Pähl, Hesseloherstraße
Einkehrmöglichkeiten:	Pähl, Gasthaus Neue Post, Gasthaus Alte Post

2

Durch den Dießener Forst

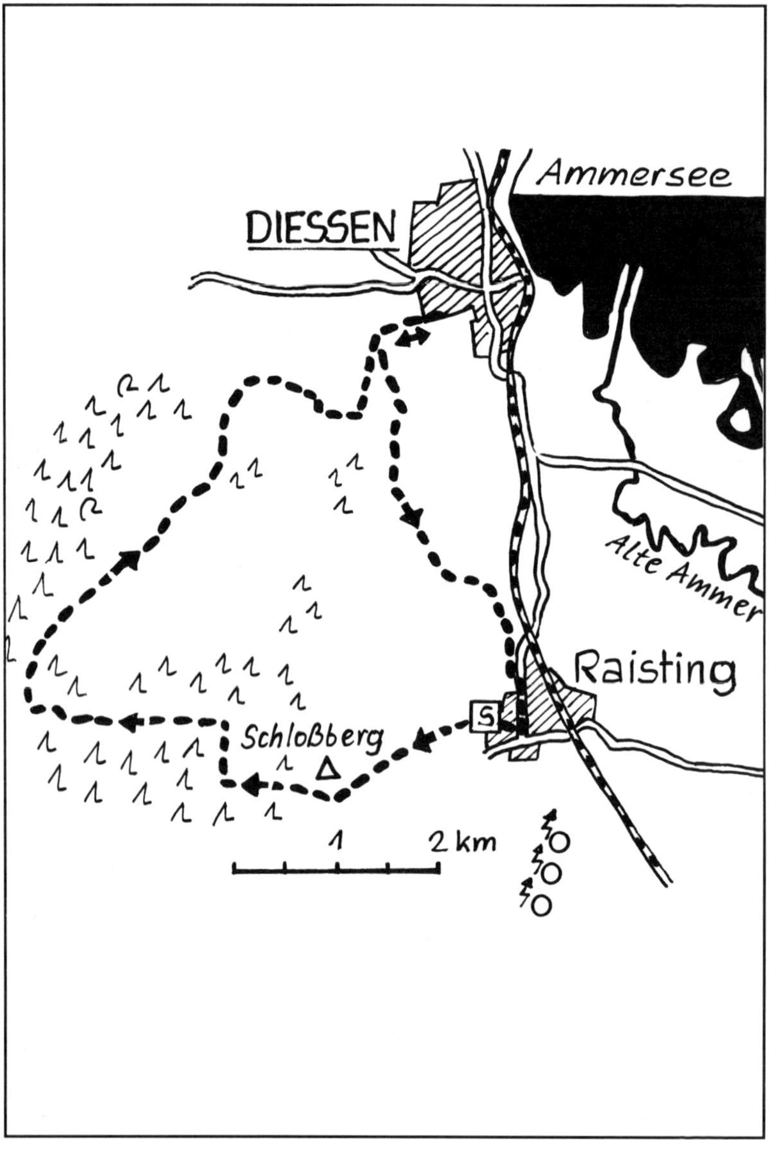

Durch weite Teile des Staatsforstes Bayerdießen führt diese Wanderung, die wir in Raisting beginnen. Unseren Ausgangsort erreichen wir von der Olympiastraße (B 2), wenn wir am Hirschberg nach Pähl und weiter nach Raisting fahren. Bei der Kirche biegen wir in Richtung Stillern ab und suchen uns gleich beim Gasthaus Post einen Parkplatz.

Wir gehen auf der an der „Post" vorbeiführenden Straße und halten uns dabei nach rechts in die Floßmannstraße, zum Ortsausgang. Nach dem Überqueren der Rott folgen wir dem Schild „Stillern" ins breite Rott-Tal. Kurz vor Stillern, nach einer kleinen Brücke mit einem Wanderparkplatz, zweigt ein für Fahrzeuge gesperrter Weg nach rechts zum Wald ab. Leicht ansteigend geht es durch den Forst. Wir lassen alle abzweigenden Wege außer acht, bis wir zwei Hütten passiert haben. Den nach rechts führenden Forstweg gehen wir weiter, er schwenkt kurze Zeit später nach links. Nun wandern wir nach Westen streng geradeaus durch den überwiegend aus Fichten bestehenden Wald. Zwischendurch treffen wir auf den König-Ludwig-Weg, der uns aber bald nach links verläßt. Wir bleiben auf unserem Forstweg, betrachten die durch Gitter geschützten Haufen der Roten Waldameise und erreichen die Waldstraße Dießen – Wessobrunn.

Auf der linken Seite der Kreuzung steht ein Denkmal, das dem Erbauer dieser Waldstraße gewidmet ist. Der Weiterweg bringt uns nach rechts in Richtung Dießen. Der Fichtenwald wurde inzwischen von einem Buchen-Mischwald abgelöst. Reichhaltiger Vogelgesang und -ruf begleitet uns jetzt. Buntspecht und Kleiber sind ebenso zu hören wie Eichelhäher. Bald verläßt die Straße den Staatsforst und führt durch weites Wiesengelände nach Dießen. Beim Weiler Seehof sehen wir den Ort vor uns liegen. Wir verlassen die Straße nach rechts (Hinweisschild „Klosterkirche") und wandern auf dem Fußweg an Schrebergärten vorbei bis zur nächsten Straße. Wir gehen wieder in Richtung Klosterkirche, die wir bereits im Hintergrund über die Bäume hervorschauen sehen. An der nächsten Straßenkreuzung wenden wir uns nach rechts, passieren nochmals einige Schrebergärten und treffen auf eine schöne Allee, der wir links folgen. Zwischen den Bäumen hindurch sehen wir ein Stückchen vom Ammersee mit seinem Südufer. Wir laufen nun die Straße bis zur Hauptstraße vor, links steht die ehemalige Pfarrkirche St. Georg. Rechts abbiegend, erreichen wir nach wenigen Schritten den Abzweig „Ziegelstadel".

Ehemalige Klosterkirche, Dießen am Ammersee

Den Abstecher zur Klosterkirche sollten wir unbedingt machen, ihre Besichtigung ist wirklich lohnend. Wir bleiben dazu auf der Straße und biegen bei einer Mariensäule nach rechts in den Weg Am Kirchsteig. Nach wenigen Minuten wandern wir bereits durch eine Allee zur Klosterkirche.

Dießen: Am südwestlichen Ende des Ammersees zieht sich Dießen vom Seeufer hügelaufwärts zum Kloster und bis St. Georgen. Früher stand die Dießener Pfarrkirche hier in St. Georgen, dem einstigen Vorgängerort von Dießen. Schon im 9. Jh. soll hier das erste Stift gegründet worden sein. Erst später entstand in Dießen das Augustinerkloster. Die heutige ehemalige Stiftskirche St. Maria (Mariä Himmelfahrt) wurde

1732–1739 erbaut. Kein anderer als der berühmte bayerische Architekt Johann Michael Fischer war der Baumeister. Viele Künstler der damaligen Zeit beteiligten sich daran und schufen ein Kleinod des Spätbarocks. Der Stuck stammt von den Wessobrunnern Johann Georg Üblherr, Franz Xaver und Johann Michael Feichtmayr, die Venezianer Pittoni und Tiepolo malten zwei Altarbilder der Seitenaltäre Stephanus und Sebastian. Verehrt wird in der Stiftskirche auch die heilige Mechtildis, entsprechende Szenen sind auf dem Deckenfresko dargestellt.

Nach der Besichtigung der Kirche gehen wir den Abstecher zurück zum Abzweig nach Ziegelstadel und wandern ausschließlich in dieser Richtung weiter. Später umgehen wir den Weiler Ziegelstadel links. Dahinter teilt sich der Fahrweg, wir halten uns leicht halblinks, vor uns liegt das ehemalige Ammerseebecken, der sogenannte Weilheimer Kessel. Bei der Sperrtafel (für Fahrzeuge) bleiben wir auf dem gesperrten Weg, der bald zu einem Wiesenweg wird und gelangen zur Ertlmühle. Danach treffen wir auf die Straße Dießen – Raisting und wandern zurück zum Parkplatz.

Wer noch genügend Zeit zur Verfügung hat, kann der im Süden Raistings liegenden Erdfunkstelle der Bundespost noch einen Besuch abstatten. Das Raistinger „Schwammerl“, die von einer ballonähnlichen Hülle umschlossene erste Antenne, ist nicht mehr im Einsatz und kann vorläufig noch besichtigt werden.

Gehzeit:	Etwa 4 Stunden (ohne Klosterkirche)
Besonderer Hinweis:	Waldwanderung
Anfahrt:	Weilheim – Pähl – Raisting, Dießen – Raisting
Ausgangspunkt:	Raisting, Gasthaus Post
Einkehrmöglichkeit:	Raisting, Gasthaus Post
Baden:	Raisting, Baggersee bei der Erdfunkstelle

3

Über Forst zum Paterzeller Eibenwald

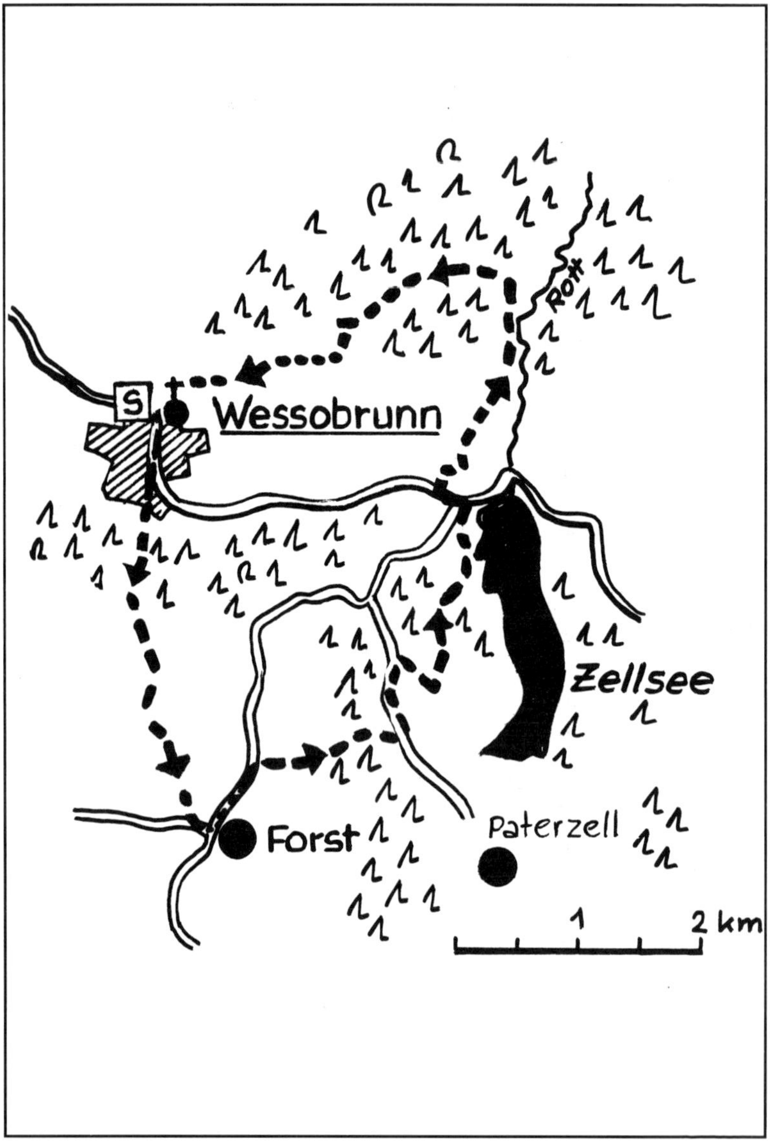

Beginn dieser landschaftlich reizvollen Wanderung ist in Wessobrunn, am Parkplatz in der Nähe des Gasthauses „Zur Post". In der kleinen Grünanlage davor steht ein Erinnerungsstein mit dem eingemeißelten Text des Wessobrunner Gebetes, das im 9. Jh. geschrieben wurde und als ältester erhaltener Text der deutschen Sprache gilt.

Wessobrunn, im Barock und Rokoko Heimat weltbekannter Baumeister, Stukkateure und Freskenmaler (Straßennamen zeugen heute noch davon: Zimmermann, Schmuzer, Zöpf, Feichtmayr usw.) wurde als Kloster von Herzog Tassilo im 8. Jh. gegründet. Aus ältester Zeit stehen noch ein trutziger Wehrturm, der „graue Herzog" oder Römerturm genannt, und ein Klosterflügel.

In der Pfarrkirche St. Johannes ist neben der Stuckausschmückung das spätromanische Holzkreuz sehenswert.

Nur im Rahmen von Führungen zu besichtigen sind der reichverzierte Stuckgang im Fürstentrakt und der Tassilosaal im Klostergebäude (Führungen täglich 15 und 16 Uhr).

Wir schließen uns im ersten Teil unserer Wanderung dem König-Ludwig-Weg an und marschieren durch Wessobrunn nach Süden, zuerst durch die Zöpfstraße, dann biegen wir in die Zimmermannstraße ein – hier, im Haus Nr. 4, wurden die Brüder Johann Baptist und Dominikus Zimmermann geboren. Nach wenigen m führen uns die Markierung und das Hinweisschild „St. Leonhard/Forst" zum Schlittbachgraben, den wir durchqueren. Kurz vor dem Anwesen Pürschlehen wird der Weg zu einem wenig ausgeprägten Pfad, bald darauf erreichen wir aber eine geteerte Straße, der wir bis zu Kirche und Ort St. Leonhard folgen.

Wir verlassen beim Gasthaus Bayerischer Hiasl den König-Ludwig-Weg und halten uns auf der Staatsstraße nach links in Richtung Paterzell. Gleich nach dem Anwesen Wolfhof biegen wir von der Straße nach rechts ab und bleiben auf diesem Weg bis zur letzten Kreuzung. Links geht es zur Ortschaft Schlitten, und kurz vor dem ersten Hof müssen wir nach rechts abbiegen. Hier brauchen wir etwas Spürsinn, denn dieser nach Paterzell führende Pfad wird zwar öfters begangen, der Abzweig ist jedoch nicht markiert. Einer nach rechts abwärts ziehenden Heckenreihe entlang folgen wir den Pfadspuren bis zum Waldrand. Weiter geht es problemlos über einen hangabwärts führenden Stufenweg, der durch herrlichen Buchenwald führt und später als Forstweg am Ortseingang von Paterzell auf

Blick auf St. Leonhard in Forst

die Straße Zellsee–Paterzell trifft. Sollten uns inzwischen Hunger und Durst plagen, machen wir einen Abstecher nach Paterzell hinein und kehren im Gasthaus Eibenwald ein.

Unser Weiterweg führt jedoch nach links in den Eibenwald. Bereits nach etwa 200 m zweigt ein Forstweg rechts ab. Wir folgen ihm, bis ein weiterer breiter Forstweg uns nach Norden zum Weiler Zellsee bringt.

Der Eibenwald bei Paterzell: Über Deutschlands größten Eibenbestand ist schon viel geschrieben worden. Er zieht sich links und rechts der Paterzeller Straße hin. Es ist kein geschlossener Eibenbestand im Sinne einer Monokultur, die Eiben stehen vergesellschaftet mit Buchen, Eichen, Tannen und Ahorn; also durchwegs ein natürlicher Mischwald. Die Eibe, einst Charakterbaum der germanischen Waldsümpfe, lieferte damals das bevorzugte zähe Holz für die Bogen der Jäger und Krieger. Heute ist die Eibe eine in deutschen Wäldern selten vorkommende Baumart. Ein Besuch im Paterzeller Eibenwald lohnt sich aber nicht nur wegen des jahrhundertalten Eibenbestandes, auch landschaftlich bietet dieser auf Tuffstein stehende Wald reizvolle Einblicke in die Werkstatt der Natur: Im sumpfigen, mit Moosen bedeckten Boden und in den zahlreichen Rinnsalen können wir noch heute die Tuffsteinbildung beobachten, Ästchen, Blätter und Moose werden von Kalk überzogen und so „versteinert".

Wenn wir den Wald verlassen, sind das Teichgut und der Zellsee gut einzusehen. Mit einem Fernglas beobachten wir auf der Wasserfläche ein lebhaftes Vogelleben. Ornithologisch bemerkenswert ist neben der Kolonie des Schwarzhalstauchers das Vorkommen der Kolbenente, die vor wenigen Jahren eingewandert ist und mit einigen Paaren am Zellsee brütet. Speziell während der Zugzeiten (Frühjahr und Spätsommer/Herbst) können mit etwas Glück sehr seltene Vogelarten angetroffen werden; fast regelmäßig erscheint beispielsweise der Fischadler.

Wir erreichen die Straße Weilheim – Wessobrunn, der wir nur kurz in Richtung Wessobrunn folgen, dann schwenken wir nach rechts auf den Fahrweg zu der Hofgruppe. Auf dieser später für den Kfz-Verkehr gesperrten Straße wandern wir an der Rott abwärts, bis wir wieder den König-Ludwig-Weg erreichen (die sogenannte Landroute). Wir biegen links ab und marschieren, dem König-Ludwig-Weg folgend, den Steingraben aufwärts bis Wessobrunn. Kurz vor den ersten Häusern nehmen wir eine Bank zum Anlaß, eine letzte Schaurast zu genießen. Bei schönem Aussichtswetter schweift unser Blick über die Forschungsfunkstelle Lichtenau, das einstige Ammerseebecken und heutige Ammertal bis zum Wendelstein im Hintergrund.

Über die Aussicht dürfen wir aber das Naheliegende nicht übersehen: Direkt bei der Klostermauer führt uns ein Pfad abwärts zur uralten Tassilolinde. Hier hatte, so berichtet die Überlieferung, Herzog Tassilo einen Traum: Er sah eine Himmelsleiter und an ihrem Fuß drei Quellen. Sein Jäger Wezzo fand diese Quellen, und schon ward das Kloster Wessobrunn gegründet.

Wir wandern zurück durch den Klosterhof, schauen uns die eingefaßten Brunnen an und stehen wieder am Parkplatz.

Tassilolinde, an der Klostermauer in Wessobrunn

Gehzeit:	Etwa 4 Stunden
Besonderer Hinweis:	Leichte Wanderung mit Steigungen
Anfahrt:	Weilheim – Wessobrunn; Landsberg – Wessobrunn
Ausgangspunkt:	Wessobrunn, Parkplatz beim Gasthaus Zur Post
Einkehrmöglichkeiten:	St. Leonhard/Forst, Gasthaus zum bayerischen Hiasl; Paterzell, Gasthaus Eibenwald; Wessobrunn, Gasthaus Zur Post

4

Von Wilzhofen zur Hardtkapelle

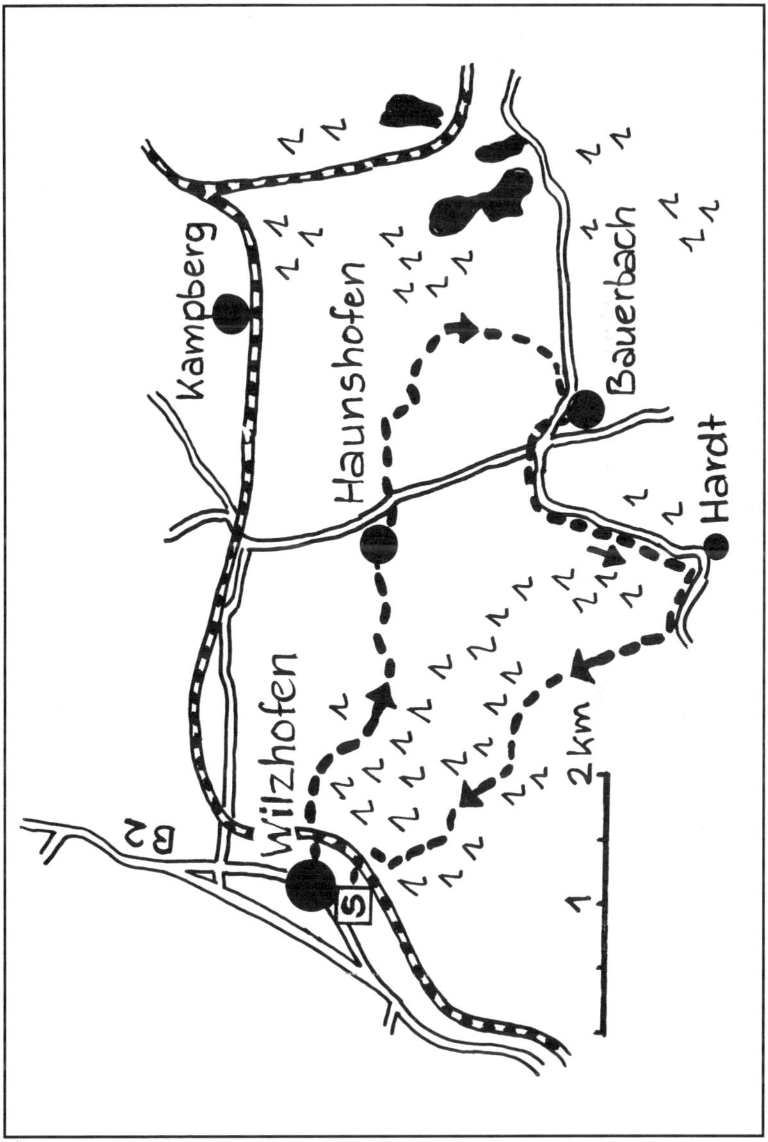

In Wilzhofen beginnen wir eine Tour, die uns bis in den Weilheimer Hardt führt. Den Ausgangspunkt erreichen wir über Tutzing und Diemendorf oder von der Olympiastraße (B2) aus Starnberg oder Weilheim kommend. Wir parken am Bahnhof in Wilzhofen (diese Wanderung eignet sich demnach auch besonders gut für Bahnbenutzer).

Vom Bahnhof gehen wir am Gasthaus Guggemoos vorbei die Bahnhofsallee bergab zur alten Münchner Straße. Vor dem Bau der Olympiastraße war das die Verbindung Weilheim–München. Wir laufen die Münchner Straße nach rechts, überqueren den Grünbach und treffen auf den Maibaum und das Feuerwehrhaus. Der kleine Abstecher zur Kirche lohnt sich, wo wir den von Franz Xaver Schmädl geschaffenen Rokokoaltar und die hübsche Rokokokanzel betrachten. Zurück zum Feuerwehrhaus wählen wir den Haunshofcner Weg, der uns zur Bahnlinie bringt. Wir bleiben links, unterqueren die Bahn und wandern durch Wiesengelände leicht ansteigend zu einem Feldkreuz, das von zwei Linden flankiert wird. Weit im Hintergrund sehen wir das Hochschloß Pähl, davor schaut zwischen Bäumen das Gut Rößlberg hervor. Mehr in östlicher Richtung sehen wir Haunshofen, das wir weiterwandernd bald erreichen.

In Haunshofen treffen wir auf die von Diemendorf kommende Straße, der wir durch das Dorf in Richtung Bauerbach folgen. Am Ortsausgang, gleich nach dem Ortsschild, biegen wir nach links auf einen anfangs geteerten Feldweg. Diesem folgen wir bis zum Feuchtwiesenbereich Flacht. Ein etwas schlechterer Weg zieht sich nach rechts zum Waldrand. Wir durchqueren den Wald nicht, sondern gehen an seinem Rand entlang in südlicher Richtung. Nach wenigen Minuten treffen wir auf den vom Gallafilz nach Bauerbach führenden Feldweg, wir bleiben rechts und erreichen Bauerbach. Die Straße Bauerbach – Bernried überqueren wir und stehen gleich am Abzweig der Bergknappstraße. Wenn uns das Wetter zum Baden verlockt, machen wir den Abstecher zum Bergknappweiher, den wir in etwa 15 Minuten erreichen. Ansonsten wenden wir uns nach rechts zur Kirche. Links steht das Gasthaus Steidel, das für gute, kräftige Brotzeiten bekannt und beliebt ist. Nach einer eventuellen Rast verlassen wir den Ort in westlicher Richtung und schwenken gleich beim Ortsschild nach rechts und schon nach wenigen Metern wieder nach links zur Hardtkapelle. (Für Pferdeliebhaber der Hinweis: Bauerbach führt jedes Jahr einen traditionsreichen Leonhardiritt durch.)

Die Hardtkapelle

Unsere Tour folgt nun der nicht sehr befahrenen Straße zur Hardtkapelle. Das vor uns liegende, weitgehend unberührte Wiesental wird vom Grünbach durchflossen. Hier finden wir eine reichhaltige Flora, in Waldbereichen bzw. an Waldränden können wir sogar noch den seltenen Frauenschuh entdecken. Kurz vor der Hardtkapelle zweigt rechts der Kreuzweg ab, diesem folgen wir Station für Station und stehen nach der letzten vor der Hardtkapelle.

Hardtkapelle: Der Ursprung der Kapelle liegt in einem uralten Weideprozeß zwischen Weilheim und Haunshofen begründet, die beide dieses damalige Filzgebiet für sich beanspruchten. Der Streit wurde entschieden – so berichtet die Sage –, als bei einer Ortsbesichtigung mitten unter den Streitenden ein Hirte erschien, der seinen Fuß auf einen großen Stein setzte und dabei rief: „So wahr ich tritt in diesen Stein, so wahr ist dies Haunshofer G'mein!" Danach war er verschwunden, aber der Fußtritt im Stein blieb und kann noch heute in der Kapelle besichtigt werden. Zum Andenken an dieses Ereignis wurde eine Feldkapelle gebaut und der Mutter Gottes geweiht. Die heutige Hardtkapelle stammt von 1865/66, nachdem die frühere Kirche durch Wetter und Belastung durch immer stärkeren Wallfahrtsbetrieb „ruinös" wurde, wie der Chronist berichtet.

Unser Weiterweg folgt zuerst der nach Weilheim führenden Straße. Im nächsten Waldstück biegt eine für den Fahrzeugverkehr gesperrte Forststraße nach rechts. Diese Straße bringt uns nach Wilzhofen zurück. Wir passieren dabei die kleine Aloisiuskapelle, und etwa 20 m danach führt ein Waldweg zu einem kleinen Weiher.

Dieser Abstecher gibt uns die Möglichkeit, ein paar Wasservögel zu beobachten, vielleicht sehen wir auch einen Graureiher auf seinem bewegungslosen Jagdansitz. Anschließend wandern wir den Forstweg weiter und treffen auf die Fahrstraße Wilzhofen – Raucherberg. Nach rechts gehend, stoßen wir in Wilzhofen auf die Bahnlinie. Nach den Geleisen halten wir uns links und stehen nach wenigen Schritten vor dem Bahnhof.

Bleßhühner

Gehzeit:	4–5 Stunden
Besonderer Hinweis:	Wanderung auf guten Wegen
Anfahrt:	Tutzing – Diemendorf – Wilzhofen, Olympiastraße Starnberg/Weilheim – Wilzhofen
Ausgangspunkt:	Wilzhofen, Bahnhof
Einkehrmöglichkeiten:	Bauerbach, Gasthaus Steidel; Wilzhofen, Gasthaus Guggemoos
Baden:	Bauerbach, Bergknappweiher

5

Im Weilheimer Hardt

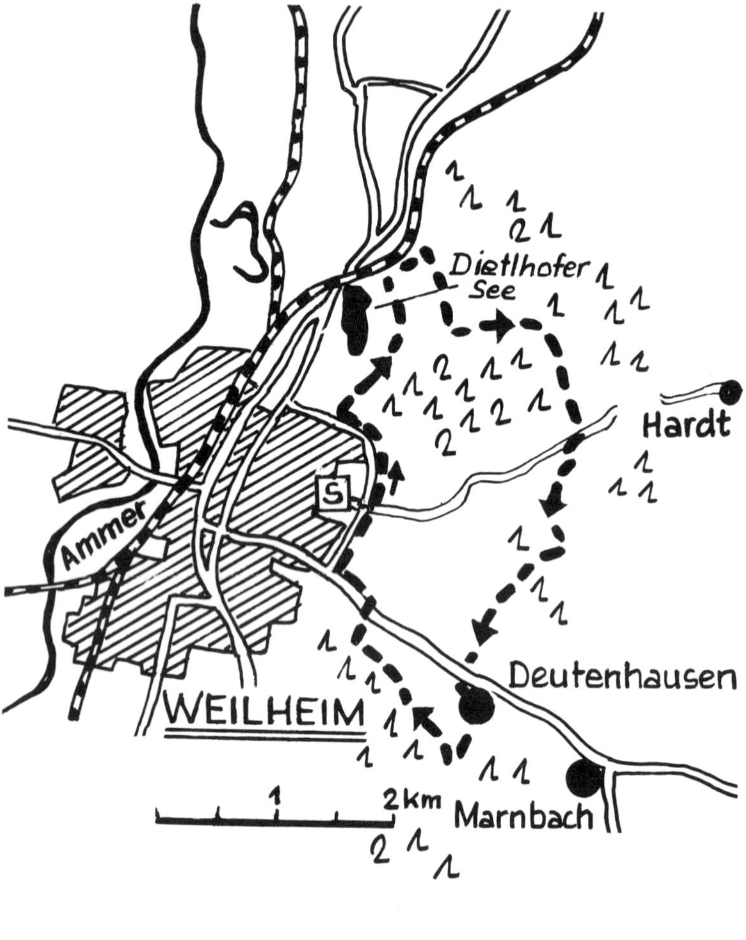

Die im Weilheimer Osten stehende Hardtschule, wo wir ausreichend Parkmöglichkeiten finden, ist unser Ausgangspunkt. Wir erreichen die Schule am besten über die Weilheimer Ostumgehung, den Narbonner Ring, und fahren am Abzweig Hardtkapellenstraße stadteinwärts. Vom Bahnhof sind es etwa 15 Gehminuten.

Von der Schule spazieren wir ortsauswärts zum Narbonner Ring (Narbonne ist die französische Partnerstadt Weilheims), überqueren diesen jedoch nicht, sondern halten uns links auf dem parallel zum Ring verlaufenden Gehweg. Wir gehen bis zur Einmündung Römerstraße und unterqueren den Narbonner Ring durch den Fußgängertunnel. Auf der Gegenseite betrachten wir die Nachbildung eines römischen Meilensteins und laufen ein paar Schritte am Narbonner Ring zurück, bis wir den Abzweig Kranjöchl erreichen.

Weilheim, das im Jahre 1988 sein 750jähriges Bestehen als Stadt feiert, liegt in der Nähe einer wichtigen Römerstraße und hat seinen Ursprung wohl in einer alten Römersiedlung. Besuchenswert in Weilheim ist das Pfaffenwinkel-Museum, in dem Ausstellungsstücke aus der großen Zeit Weilheims von der Spätgotik bis zum Rokoko ebenso gezeigt werden wie Funde aus fernster Vergangenheit. Das Museum befindet sich im alten Rathaus an der Fußgängerzone – Weilheims guter Stube. Ebenso sollte man die neben dem Museum stehende Stadtpfarrkirche Mariä Himmelfahrt besichtigen. Die baugeschichtlich interessante Kirche besitzt eines der ersten Tonnengewölbe ihrer Zeit. Bekannte Weilheimer Künstler lieferten die Innenausstattung.

In der Nähe der Hardtschule finden wir im ummauerten Friedhof – auf dem Betberg – die Friedhofskapelle St. Salvator. Die aus gotischer Zeit stammende Kirche mit achteckigem Zentralbau, der von einer Mittelsäule gestützt wird, enthält Wand- und Deckenbilder des Weilheimer Künstlers Elias Greither (1591).

Am Kranjöchl wählen wir den linken Weg, der uns in nördlicher Richtung zum Gut Dietlhofen leitet. Bei warmem Wetter lockt der von Schilf eingerahmte Dietlhofer See zum Baden. Kurz hinter dem Gut führt ein Pfad zu einer offiziellen Badestelle am See.

Der Weiterweg bringt uns zur Bahnlinie Weilheim – München. Ohne diese zu überqueren, halten wir uns rechts und folgen etwa 200 m dem Bahndamm bis zur nächsten Wegkreuzung. Wieder rechts abbiegend, wandern wir in südlicher Richtung leicht ansteigend durch das Wiesengelände. Unser Blick streift bei klarem Wetter über den Weilheimer Ortsteil Unterhausen bis zur Satellitenstation (Erdefunkstelle) bei Raisting, über den Dietlhofer See zum Hohen Peißenberg und weit hinten am Horizont zu den Allgäuer Alpen. Eine scharfe Linkskurve führt uns zwischen Wald und Wiesen zum Schörghof, der vor dem 2. Weltkrieg von der Familie Schörg als Mustergut zur Haflingerzucht erbaut wurde.

Wir gehen am Hof vorbei und treffen bald auf die nach Bauerbach und zur Hardtkapelle führende Hardtstraße. Ihr folgen wir etwa 100 m nach rechts, dann biegen wir auf den links leicht ansteigenden Feldweg. Wir wandern nun durch das Landschaftsschutzgebiet „Weilheimer Hardt“, das sein charakteristisches Bild durch den Wechsel von Wald- und Wiesenflächen erhält.

Nach einem kleinen Waldstück teilt sich unser Weg, wir bleiben rechts, bis wir bei zwei alten Stadeln eine Kreuzung erreichen. Wieder gehen wir nach rechts, bewundern im Frühjahr die linkerhand blühenden Enziane und Mehlprimeln und wandern durch den anschließenden Wald.

Vom Waldrand aus sehen wir schon Deutenhausen vor uns liegen. Wer die Wanderung abkürzen will, kann nun – bei einem Stadel – nach rechts abbiegen und am Fuße des Wiesenhanges entlang bis zur Hardtstraße und auf ihr weiter zur Hardtschule gehen.

Wer aber noch Lust und Zeit hat, der wandert weiter nach Deutenhausen. Wir treffen auf die Straße Weilheim – Seeshaupt und stehen nach einem kurzen Marsch am Straßenrand (etwa 200 m) vor dem Gasthaus zum goldenen Stern.

Nach einer kleinen Stärkung biegen wir gleich nach dem Gasthaus rechts in die von-Tuto-Straße ein und wandern weiter in Richtung Wiesen und Wald. Den ersten Abzweig nach rechts lassen wir unbeachtet, den zweiten nehmen wir und stehen bald am Waldrand am nordöstlichen Fuße des Gögerl. Wir halten uns nach rechts immer am Wald und an der Umzäunung des Wasserschutzgebietes entlang, bis wir auf einen breiten Weg treffen. Diesem folgen wir zum Sägewerk, das wir nach rechts abbiegend durchqueren, und sind nun wieder auf der Hauptstraße nach Weilheim. Auf dem neuen Rad- und Fußweg gehen wir in Richtung Stadtmitte. Bald treffen wir auf den Narbonner Ring und wandern auf dem Gehweg parallel zur Straße bis zur Hardtkapellenstraße und auf dieser weiter zur Hardtschule.

Im Weilheimer Hardt

Gehzeit:	3–4 Stunden
Besonderer Hinweis:	Leichte Wanderung ohne Steigungen
Anfahrt:	Weilheim über die Olympiastraße (B2)
Ausgangspunkt:	Weilheim, Parkplatz an der Hardtschule
Einkehrmöglichkeit:	Deutenhausen, Gasthaus zum Goldenen Stern
Baden:	Weilheim, Dietlhofer See

6

Vom Weilheimer Gögerl nach Etting

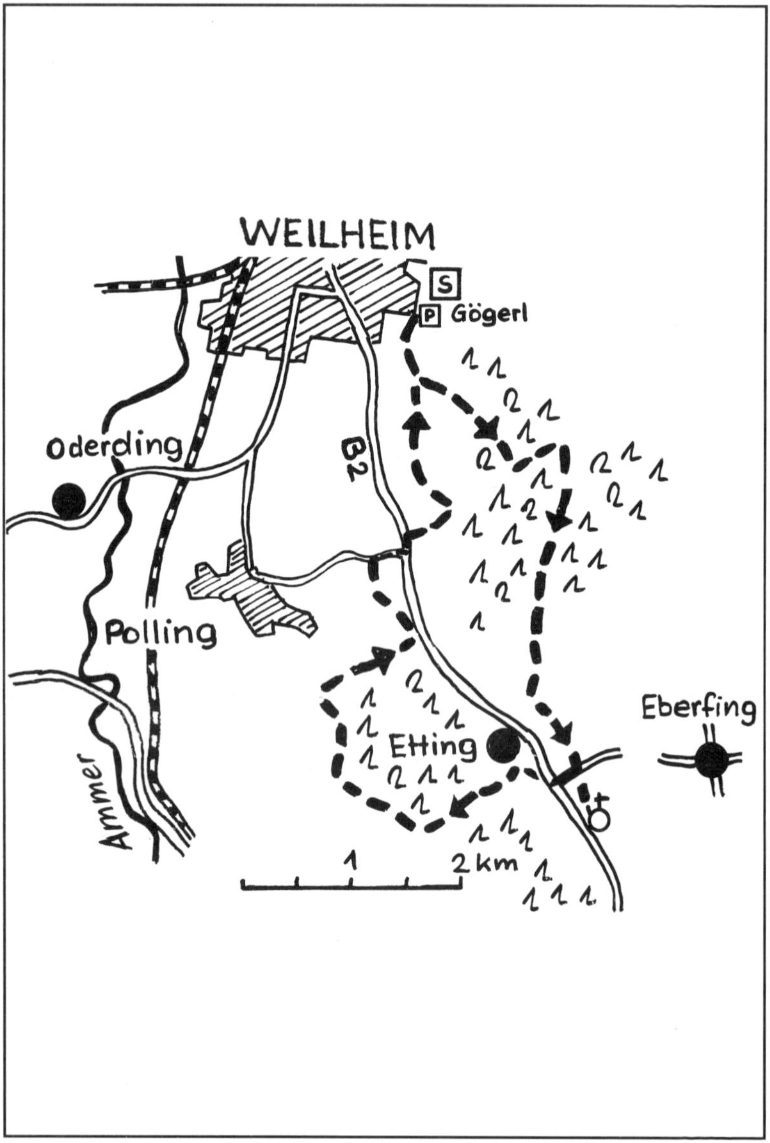

Dies ist eine aussichtsreiche Wanderung zum alten Ammerseebekken. Südöstlich am Rand von Weilheim liegen ihre „höchsten" Berge, das Gögerl und der Hechenberg. Wir erreichen das Gögerl, wenn wir die Olympiastraße (B 2) in Richtung Garmisch-Partenkirchen fahren, kurz vor dem Ortsende nach links abbiegen und der Beschilderung „Waldgaststätte Gögerl" folgen. Der Wanderparkplatz am Gögerl nimmt unser Fahrzeug auf. Eine Wandertafel zeigt uns mehrere Vorschläge mit Gehzeiten zwischen 30 Minuten und 2 Stunden. Wir wählen die Strecke 4 – gelbe Markierung –, erweitern sie jedoch um eine Variante durch das Feichtl zur Ettinger St.-Andreas-Kirche im Feld (St.-Andrä-Kircherl).

Den Wanderparkplatz verlassen wir in südlicher Richtung, nachdem wir den Ausblick von der Alpenkette bis zum Ammersee entsprechend gewürdigt haben – Raisting leuchtet als Orientierungspunkt besonders hervor. Am Fuße des Gögerl und des Hechenbergs entlang folgen wir immer der Markierung, bis wir nach einem längeren Waldstück wieder eine Wiese erreichen. Am Waldrand abwärts verlassen wir die gelbe Markierung und wandern auf dem nach rechts ziehenden Forstweg etwa 2 km durch den Wald. Hier im Feichtl, so lautet der Flurname, müssen wir Augen und Ohren aufsperren. Speziell im Frühjahr hören wir eine reichhaltige Vogelwelt rufen, singen und auch hämmern. Schwarzspecht und Kolkrabe sind ebenso anzutreffen wie unsere Meisenarten, Goldhähnchen und die verschiedenen Finkenvögel.

Nach Verlassen des Waldes führt der Weg durch Wiesen weiter nach Süden. Bei Föhn bietet sich hier ein herrlicher Blick über die Berge und das Alpenvorland. Vor uns liegt Etting, über dem Dach eines Aussiedlerhofes spitzt der Turm des St.-Andrä-Kircherls hervor. Dahinter, scheinbar zum Greifen nahe, spannt sich im weiten Bogen die Bergkette, beginnend von links mit Benediktenwand, Karwendel, Estergebirge, Wetterstein, bis weit nach rechts zu den Gipfeln der Allgäuer Alpen. Wenn wir uns sattgesehen haben, wandern wir geradeaus weiter zum ersten Aussiedlerhof. Wir halten uns immer in Richtung Kircherl, überqueren kurz davor die Straße Etting – Eberfing und stehen nach wenigen Minuten vor dem Gotteshaus.

Etting: Die Kirche St. Andrä im Feld stammt aus dem Jahre 1729. Der Hochaltar ist ein Werk von Tassilo Zöpf, einem der bekannten Wessobrunner Stukkateure.

Weitere Zeugen der Geschichte finden wir in der Senke südlich der Kirche. Wahrscheinlich der Hallstattzeit (750–450 vor Chr.) zuzuordnen sind die Grabhügel, deren Reste wir hier sehen können. Bedauerlich ist, daß durch landwirtschaftliche Maßnahmen diese Gräber zum Teil völlig verschwunden sind, selbst die Bäume, die den Rest der Hügel noch zierten, fielen zum großen Teil der Axt zum Opfer.

Wir marschieren vom St.-Andrä-Kircherl zurück zur Straße und links weiter nach Etting. Über die Olympiastraße gehen wir auf der St.-Andrä-Straße bis zur Ortsmitte und zur Kirche, biegen in die Bachstraße ein und steigen hinter dem Feuerwehrhaus den mittleren Weg bergauf. Nach kurzer Wanderung durch den Wald sehen wir den Ettinger Weiher links vor uns liegen. Im Sommer kann hier eine Baderast eingelegt werden.

Unser Weiterweg führt uns dann rechts durch das vom Wald umsäumte liebliche Wiesental, begleitet vom Rettenbach, bis nach Polling. Gleich am Ortseingang, bei der Obermühle, biegen wir nach rechts ab und bleiben auf dieser Straße, die zur Olympiastraße führt. Wir wandern nach den Häusern durch ein Feuchtgebiet, das mit dem linkerhand liegenden Jakobsee als Rest des einst das gesamte Weilheimer Becken ausfüllenden Ammersees gilt. Im Frühjahr blühen hier Enziane, Trollblumen und verschiedene Knabenkräuter. Brutvogel dieser Feuchtwiesen ist der Kiebitz, dessen schaukelnden Balzflug wir uns vorführen lassen.

Direkt vor der Olympiastraße biegen wir nach links ab, wandern an einem Schrottplatz vorbei in Richtung Polling. Nun sehen wir den von Schilf umgebenen Jakobsee, zu dem im Frühjahr eine eifrige Krötenwanderung zieht. Aber auch die schmalen Schilfflächen werden emsig genützt. Im Frühjahr und Herbst benutzen Stare das Schilf zum Übernachten. In großen Schwärmen erscheinen sie beim abendlichen Einflug, aber auch Sperber und Habicht lassen sich gelegentlich sehen, um leichtsinnige oder langsamere – oft sind das kränkliche Exemplare – für das eigene Nachtmahl zu ergattern.

Wir passieren den Jakobsee und kommen zum Pollinger Sportgelände. Hier können wir einen vorsichtigen Blick in die Tiefe riskieren, denn wir befinden uns oberhalb der Pollinger Tuffsteinbrüche, aus denen mancher Fund der prähistorischen Zeit stammt.

St. Andrä-Kircherl bei Etting

Unsere Straße führt zum Ortsteil Längenlaich, wir halten uns rechts und überqueren die Olympiastraße. Etwa 200 m gehen wir in nördlicher (Weilheimer) Richtung neben der Straße, dann steigt unser Weg nach rechts an einer Baumgruppe entlang zum Wald. Wir halten uns im Wald links und sehen bald die Südseite des Gögerl vor uns. Der Rückweg zum Parkplatz führt entweder über den oberen Waldweg, vorbei am Feldkreuz und Wasserbehälter, oder den unteren, uns schon bekannten Wiesenweg.

Buntspecht

Gehzeit:	4–5 Stunden
Besonderer Hinweis:	Leichte Wanderung mit vielen Aussichtspunkten
Anfahrt:	Weilheim über Olympiastraße (B 2)
Ausgangspunkt:	Weilheim, Wanderparkplatz am Gögerl
Einkehrmöglichkeiten:	Etting, Gasthaus zum grünen Baum; Weilheim, Waldgaststätte Gögerl
Baden:	Ettinger Weiher

7

Vom Naturfreundehaus Weilheim nach Paterzell

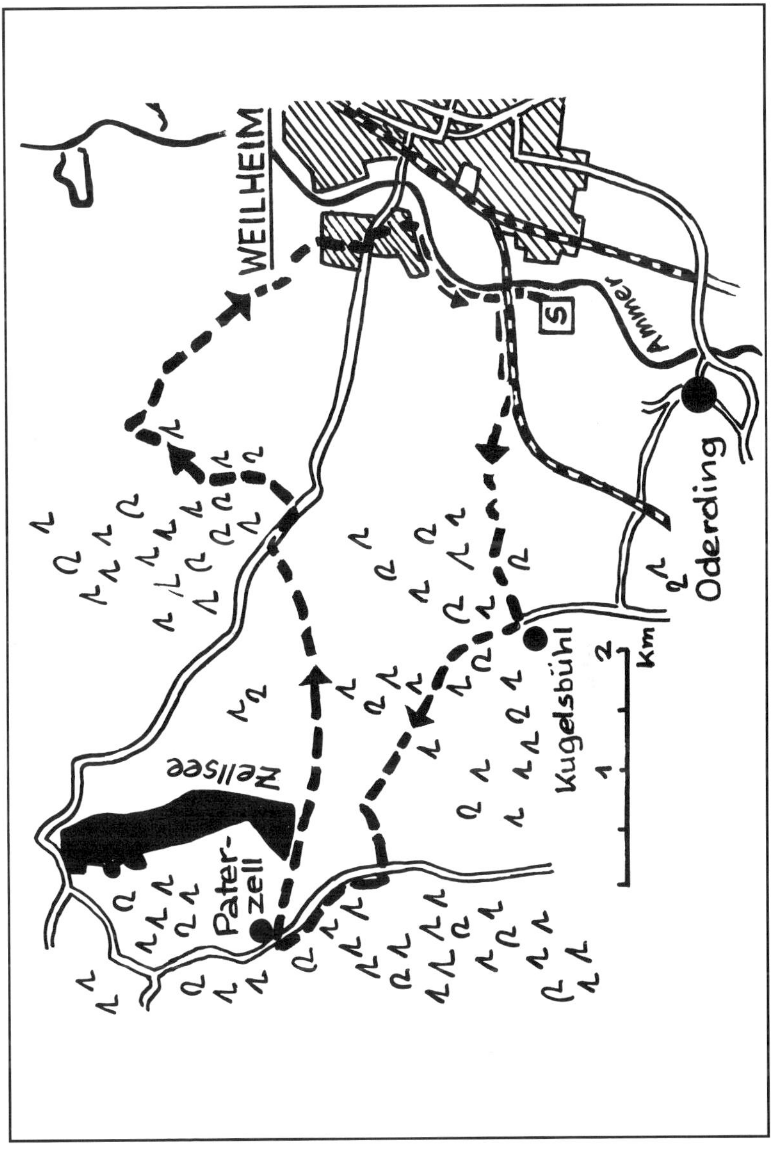

Ausgangspunkt dieser Wanderung ist das Naturfreundehaus Weilheim. Wir erreichen es, wenn wir in Weilheim in Richtung Peißenberg fahren und kurz vor dem Ortsende nach rechts zum Industriegebiet Trifthof abbiegen. Wir folgen der Beschilderung „Naturfreundehaus“ und kommen zum Parkplatz an der Ammer. Wer die Anfahrt mit dem Zug bevorzugt, kann entweder mit dem Bus zur Haltestelle an der Trifthofstraße fahren oder zur Ammerbrücke und dann Ammer-aufwärts bis zum Naturfreundehaus gehen.

Vom Naturfreundehaus bzw. vom Parkplatz wandern wir auf dem Ammerdamm abwärts. Über die Eisenbahnbrücke queren wir den Fluß, folgen der Straße am Bahndamm entlang, gehen bei der nächsten Kreuzung geradeaus weiter und wandern dann durch den Wald. Mit etwas Glück können wir hier den bei uns selten vorkommenden Grauspecht beobachten.

Wir erreichen den Weiler Kugelsbühl und halten uns hier nach rechts. Durch abwechslungsreiches Wald- und Wiesengelände führt unser Weg in Richtung Paterzell. Wenn wir das Waldstück durchquert haben, sehen wir das Weilheimer Segelfluggelände vor uns liegen. An schönen und thermisch günstigen Tagen können wir den Segelfliegern bei Start und Landung zusehen. Unser Weg führt über den Flugplatz – wobei wir natürlich auf den Flugverkehr achten müssen – zur Straße Peißenberg – Paterzell. Wir gehen nach rechts in Richtung Paterzell weiter. Dort können wir im Gasthaus Eibenwald Einkehr halten. Vom Parkplatz des Gasthauses führt unser Weg über einen Pfad hinunter zur Moosmühle. Während wir abwärts wandern, sehen wir auf das Gebiet der Fischzucht Zellsee mit seinen großen Schilfflächen im südlichen Bereich.

Bei der Moosmühle bewundern wir das große Wasserrad und wandern am Südende des Zellsees nach Osten. Hier steht das Schilf noch dicht und ist von Rohrsängern und Rohrammern bevölkert. Auf den anschließenden Streuwiesen wachsen Orchideen und Schwertlilien. Wir gehen über die Rottbrücke und weiter zum Hahnenbühl, eine Siedlung, die erst nach dem Krieg entstanden ist.

Der Hahnenbühlweg endet an der Straße Weilheim – Wessobrunn; wir wandern nach rechts Richtung Weilheim. Nach einem kurzen Wegstück auf der Straße sehen wir einen Weiher. Bei einer alten Bauhütte zweigt ein Weg nach links ab und führt in der Nähe des Weihers vorbei. Wir wandern auf diesem Weg, halten uns an der zweiten Ab-

Blühender Baum südlich von Weilheim

zweigung rechts und treffen auf die Moosstraße. Am Madenberg vorbei marschieren wir durch die Torfabbaugebiete nach Weilheim. Am Ende der Moosstraße erreichen wir in Weilheim die Wessobrunner Straße, der wir stadteinwärts bis zur Ammerbrücke folgen. Nach dem Überqueren der Ammer spazieren wir den Ammerdamm aufwärts, gehen unter der Eisenbahnbrücke durch und sind gleich am Parkplatz.

Frauenschuh

Gehzeit:	5–6 Stunden
Besonderer Hinweis:	Leichte, aber lange Wanderung
Anfahrt:	Weilheim über die Olympiastraße (B2)
Ausgangspunkt:	Weilheim, Parkplatz Naturfreundehaus
Einkehrmöglichkeiten:	Paterzell, Gasthaus Eibenwald; Weilheim, Naturfreundehaus (nur im Sommer bewirtschaftet)

8

Durchs Weilheimer Moos

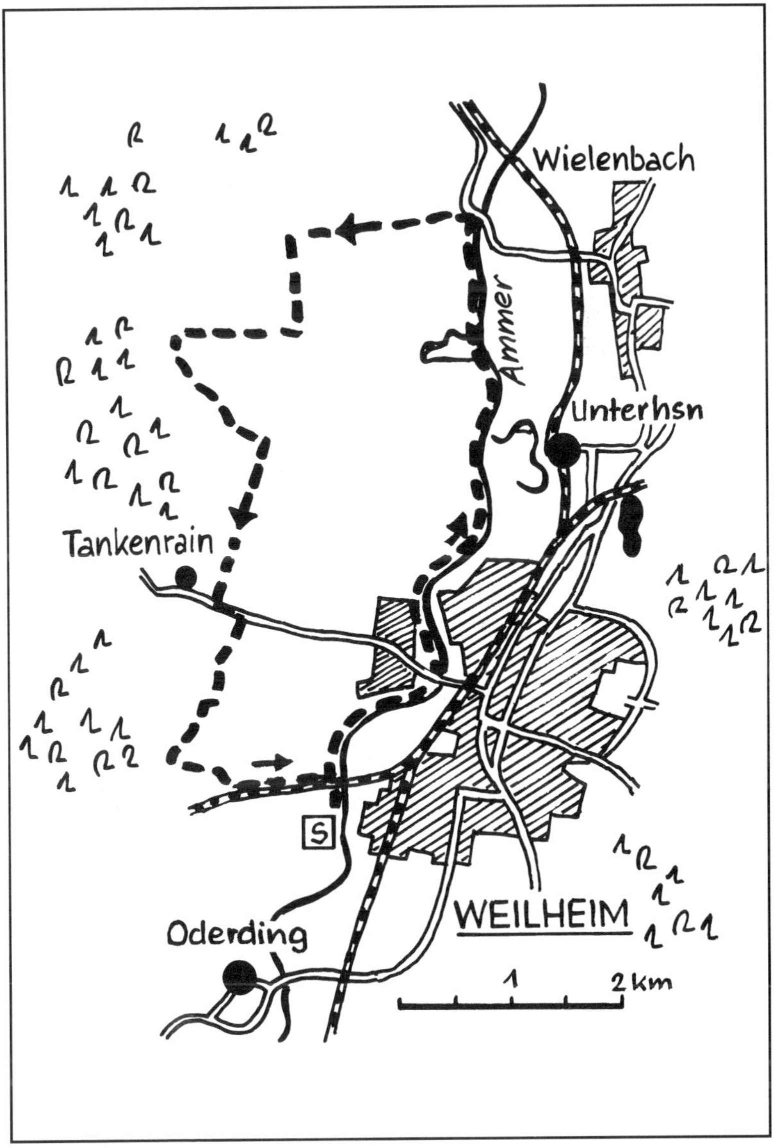

Auch bei dieser Wanderung beginnen wir beim Naturfreundehaus Weilheim. Wir erreichen es, wie bei Tour 5 beschrieben. Wir wandern flußabwärts der Ammer entlang, immer auf dem Wasserwirtschaftsweg, unterqueren die Eisenbahn- und später die Ammerbrücke an der Wessobrunner Straße. Weiter geht es Ammer-abwärts, wir verlassen den Stadtbereich, passieren die Weilheimer Kläranlage und befinden uns nun im Auwaldbereich.

Auwald: Während der Weilheimer Hochwasserfreilegung, deren Spuren wir bei dieser Wanderung immer wieder sehen, mußten einige Auwaldbereiche und markante Einzelbäume geopfert werden. Durch großzügige Anpflanzungen und Wiederherstellen von Wasserflächen konnte das Weilheimer Wasserwirtschaftsamt den Auwald-Charakter weitgehend erhalten bzw. wieder herstellen. Durch Schaffung von Inseln und Steiluferbereichen wurden auch Ruhezonen für unsere gefiederten Freunde geschaffen. Selbst den so seltenen und scheuen Pirol können wir im späten Frühjahr rufen hören, sehen wird ihn nur der geduldige Beobachter. Auch botanisch zeigt uns der Auwald seine Vielfalt, vom Seidelbast, Buschwindröschen und Märzenbecher im Frühjahr bis zur Herbstzeitlose im Herbst blüht es am und im Auwald.

Bei der Unterhausener Ammerbrücke überqueren wir die Ammer und wandern auf der Westseite flußabwärts. Im Bereich des Unterhausener und des Wielenbacher Ammerwehrs müssen wir verstärkt auf die Uferbereiche achten, denn hier ist der Lebensraum der Bachamsel. Neben der Bach- oder Wasseramsel brüten hier Bach- und Gebirgsstelzen. Die Altwasser im Bereich des Wielenbacher Wehrs werden von Sportfischern genutzt, ein großer Bestand der gelbblühenden Teichrose erweckt unsere Aufmerksamkeit. Wer die Bank am nördlichen Altwasser für eine Rast nützt, wird sich am Spiel der vielen Libellen erfreuen.

Bis zur Wielenbacher Ammerbrücke bleiben wir noch auf dem Ammerdamm, dann folgen wir dem geteerten Weg, der uns in gerader Richtung direkt ins Moos bringt. Weite Wiesenflächen und kleine Feldgehölze bestimmen nun unseren Blick. Hier ist der Bereich der Wiesenbrüter und damit vieler Vogelarten, die auf der „Roten Liste" der vom Aussterben bedrohten Vogelarten stehen. Wir können regelmäßig während der Zugzeit den Storch beobachten, Graureiher jagen im Winter nach Mäusen, dabei treten sie als Nahrungskonkurrenten der Mäusebussarde und Turmfalken auf.

Braunkehlchen

Auf unserem Gang ins Moos achten wir auf die nach links abzweigenden Feldwege und Brücken. Den fünften Weg gehen wir in südlicher Richtung, bis wir bei einem Torfwerk auf den aus Richtung Weilheim kommenden Weg treffen. Wenn uns auf dieser Strecke Flugzeuglärm begleitet, sind dies die Modellflugzeuge der Weilheimer Modellflieger, die hier ihren kleinen Flugplatz haben. Wir halten uns beim Torfwerk rechts und wandern auf der Flurbereinigungsstraße weiter nach Westen. Unsere Straße mündet schließlich in den Verbindungsweg Weilheim – Lichtenau, wobei wir uns links in Richtung Weilheim orientieren. Wir erreichen das Weilheimer Torfabbaugebiet und sehen mit Bedauern, welche Wunden dem Moos hier geschlagen werden.

Ein nach rechts führender Weg bringt uns wieder aus dem Torfabbau weg zur Wessobrunner Straße. Nun haben wir die Wahl: Rechts können wir nach Tankenrain wandern und dort in der Wirtschaft eine Pause einlegen, müssen dann aber wieder zurückgehen. Unser Weg biegt nach links ab, wir bleiben ein kurzes Stück auf der stärker befahrenen Straße (Vorsicht!), bis wir rechts zum Gut Waitzacker abbiegen können. Wir durchqueren das Gut und wandern weiter nach Hungerwies. Nach diesem Weiler erreichen wir eine Wegekreuzung, wo wir nach links gehen. Der Weg führt uns an der Bahnlinie entlang zur Eisenbahnbrücke über die Ammer. Nun marschieren wir noch das letzte Stück die Ammer aufwärts und stehen wieder am Parkplatz bzw. am Naturfreundehaus Weilheim.

Im Weilheimer Moos

Gehzeit:	Etwa 5 Stunden
Besonderer Hinweis:	Sonnige Wanderung
Anfahrt:	Weilheim über Olympiastraße (B 2)
Ausgangspunkt:	Weilheim, Parkplatz Naturfreundehaus
Einkehrmöglichkeiten:	Tankenrain, Gasthaus Schreiber; Weilheim, Naturfreundehaus (nur im Sommer bewirtschaftet)
Baden:	Bedingt in der Ammer

9

Durch die Hardtwiesen

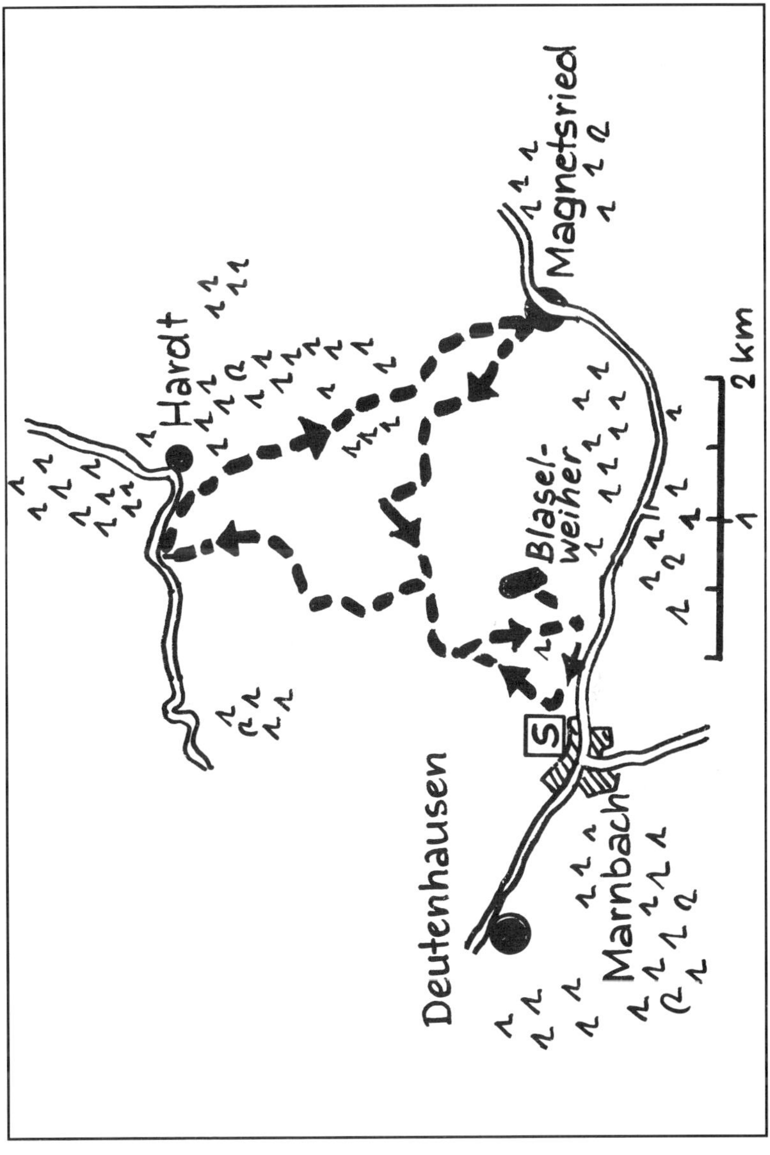

Das Gemeindehaus im Weilheimer Ortsteil Marnbach ist der Ausgangspunkt einer überwiegend botanisch ausgerichteten Wanderung. Wir erreichen Marnbach über die Straße Weilheim – Seeshaupt und parken im Bereich des Gemeindehauses. Die Hauptstraße überqueren wir rechts und biegen nach dem Lebensmittelgeschäft links ab. Unser Weg ist zum Teil ausgeschildert und führt zu den Hardtwiesen. Zuerst wandern wir auf geteerter, wenig befahrener Straße bis zum Geflügelhof Hardtwiese. Ab hier geht es ungeteert durch Feuchtbiotope und am Rande eines Naturschutzgebietes entlang.

Wir passieren ein geschütztes Naturdenkmal. Eine Baumgruppe umschließt eine alte Kiesgrube, in dieser liegt ein großer erratischer Block, ein Findling aus der Eiszeit, der, aus den Alpen stammend, auf dem Gletscherrücken bis hierher transportiert wurde. Aber auch lebende Kostbarkeiten finden wir zwischen den Bäumen, im Frühjahr blühen und duften Maiglöckchen, im Juni entdecken wir vielleicht den Türkenbund, sofern ihn die Rehe noch nicht abgefressen haben. Die anschließende Feuchtwiese leuchtet bald nach der Schneeschmelze erst blau, dann rot überhaucht: Stengelloser Enzian und Mehlprimeln sind die Ursache, durchsetzt mit den dunkelroten Blüten der Knabenkräuter. Nachdem wir die von Weilheim kommende Hardtstraße erreicht haben, folgen wir ihr nach rechts, bis die Hardtkapelle vor uns steht. Bevor wir wieder nach rechts abbiegen, machen wir einen Abstecher zu ihr.

Von der Hardtkapelle gehen wir wieder ein paar m auf der Straße zurück und schwenken nach links in Richtung Magnetsried. Unser Feldweg bringt uns durch eine Baumgruppe – hier war früher ein Gasthaus, und die Kastanien standen im Biergarten – auf Wiesengelände. Wir stehen vor den wertvollen Resten einer einmaligen Flora, die ehedem im ganzen Hardt beheimatet war. Hier sollten wir uns Zeit nehmen und schauen, was alles vom Frühjahr bis Herbst in Blüte steht. Seltene Orchideen wie Fliegen- und Bienenragwurz oder das Brandknabenkraut gehören ebenso zum festen Bestand wie die wilde Gladiole oder der Fieberklee. An vielen Pflanzen stehen kleine Namensschilder, so daß auch der Laie die Möglichkeit hat, den Blumennamen zu erfahren und die heimische Flora kennenzulernen kann. Dieser „Service“ wird von der Weilheimer Gruppe des „Bund Naturschutz“ durchgeführt.

Marnbach

Nach ausgiebigem Schauen wandern wir weiter, bleiben bis kurz vor Magnetsried dem besser werdenden Feldweg treu und treffen auf den Prälatenweg. Bevor wir im spitzen Winkel nach rechts auf diesen einschwenken, können wir einen Abstecher nach Magnetsried machen und im Gasthaus Quelle (dem früheren Eselswirt) einkehren. Wir gehen aber an unserem Abzweig weiter und achten auf

Wilde Gladiole

das Prälatenweg-Zeichen. Bei der Wasserreserve nehmen wir uns wieder Zeit und genießen die Aussicht. Wir wandern weiter, verlassen den zum Wald ansteigenden Weg nach links und benützen die neue Flurbereinigungsstraße.

Der Weg endet an einer Wiese, die Prälatenweg-Markierung weist uns nach links an einem Graben und Zaun entlang zur Waldecke. Durch den Birkenwald folgen wir dem Pfad, der, als Moorweg, auch einmal etwas naß sein kann. Wir sehen an alten Torfstichen, wie sich neue Pflanzengesellschaften ansiedeln. Fast einmalig ist hier der Bestand der Glockenheide; selten nur sieht man ein derartiges Vorkommen. Wir steigen nach links über einen Holzsteg und verlassen das Moorgebiet. Eine Teerstraße nimmt uns auf und bringt uns über den Farchenbichl zur Straße Marnbach – Hardtwiesen, die wir schon auf dem Hinweg benützt haben. Wir sind noch immer auf dem Prälatenweg und folgen ihm Richtung Marnbach. Nach einem kurzen Stück biegen wir am Waldrand links ab und erreichen einen Feldweg, der uns einen Badeabstecher zum Blaselweiher ermöglicht. Wir halten uns links und sehen bald den Weiher vor uns liegen. Der Blaselweiher ist ein beliebter Badesee, der an schönen Sommertagen deshalb auch sehr frequentiert wird.

Nach einer Baderast wandern wir das kurze Stück unseres Abstechers zurück, bleiben aber auf diesem Weg und erreichen nach wenigen Minuten Marnbach. Im Gasthaus Gemeindehaus können wir einkehren, bevor wir die Rückfahrt antreten.

Gehzeit:	4–5 Stunden
Besonderer Hinweis:	Botanisch reizvolle Wanderung
Anfahrt:	Weilheim–Marnbach; Seeshaupt–Marnbach
Ausgangspunkt:	Marnbach, Parkplatz am Gemeindehaus
Einkehrmöglichkeiten:	Magnetsried, Gasthaus Quelle; Marnbach, Gasthaus Gemeindehaus
Baden:	Blaselweiher

10

Durchs Eberfinger Drumlinfeld

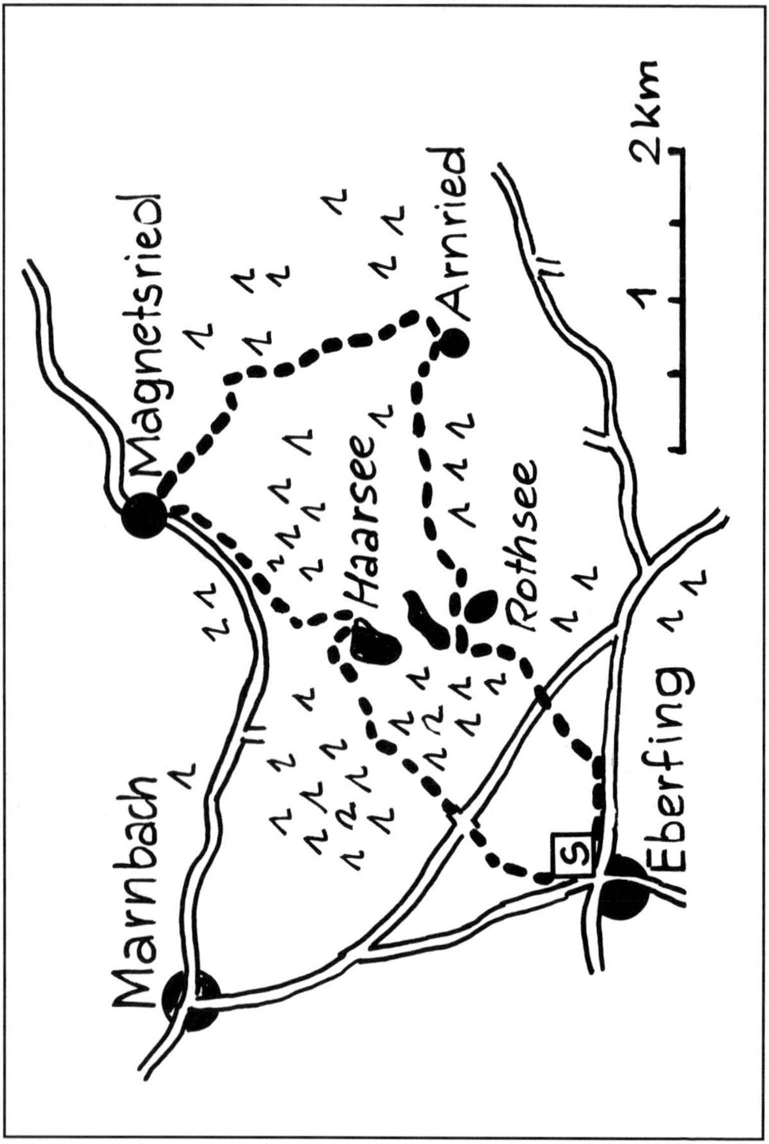

„Ein ländliches Dorf inmitten einer unverfälschten Bauernlandschaft, die sich nicht lautstark anpreist, deren Schönheiten sich nur dem erschließen, der zu schauen, zu wandern oder geruhsam über die neu ausgebauten Straßen zu fahren vermag“ (Zitat aus: „Unser Landkreis Weilheim-Schongau“), das ist Eberfing, der Startpunkt unserer Tour durch das eiszeitliche Drumlinfeld. Wir erreichen Eberfing von Weilheim über Marnbach oder Etting, von Seeshaupt ebenfalls über Marnbach oder, für Kenner, über Hohenberg. Einen Parkplatz finden wir hinter dem Gasthaus zur Post.

Vor dem Gasthaus beginnen wir unsere Tour zum östlichen Dorfausgang. Wir passieren die Friedhofskirche und wandern dann leicht bergauf in Richtung Hohenberg. Nach der kleinen Steigung zweigt gleich eine Straße nach links ab. Ihr folgen wir zur Straße Marnbach – Antdorf. Über dem Wald sehen wir das Schloß Hirschberg hervorspitzen. Wir überqueren die Straße und gehen weiter zum Rotsee. Das zur Abschreckung gedachte Schild „Schlechte Wegstrecke“ betrifft uns als Wanderer nicht. Wir spazieren durch den Wald; vor uns liegt links die Mitterlache und rechts der Rotsee, links oben sehen wir das Schloß Hirschberg.

Bald erreichen wir eine kleine Kapelle, jetzt weist uns das Schild „Fußweg nach Arnried“ den Weiterweg. Das Straßenschild „Ku'damm“ und die alten Straßenlampen stehen allerdings auf Privatgrund. Wir bleiben auf unserem „bayerischen“ Fußweg, der uns durch Wiesen zum Wald bringt. Am Waldrand gehen wir entweder geradeaus auf Wegspuren durch den Wald oder einige m nach rechts auf einem schlechten Waldweg, der uns nach links durch den Wald abwärts leitet. Nach diesem Waldstück erreichen wir, auf beiden Wegen, einen festen Feldweg. Im vor uns liegenden Tal wandern wir nach links weiter und kommen leicht ansteigend auf eine kleine Höhe. Voraus liegt Arnried, im Hintergrund schließt die Benediktenwand den Horizont ab. In Arnried halten wir uns auf der Dorfstraße links und verlassen den Ort. Kurz nach dem Dorfende stehen wir vor einer Kreuzung. Wir wählen den linken Abzweig, der nach „Wolfetsried und Magnetsried“ führt. Das alte Gut Wolfetsried umwandern wir auf der linken Seite und bewundern dabei die alten Baumbestände: Zuerst säumt eine Eichenreihe die Straße, dann folgt eine Kastanienallee, später durchschreiten wir eine Birkenallee. Die nun folgende Kreuzung nehmen wir nach links und sind bald in Magnetsried angelangt.

Hier treffen wir auf die Straße Seeshaupt – Weilheim und marschieren nach links in Richtung Weilheim auf dem Gehsteig, der die Hauptstraße für uns entschärft. Kurz vor dem Ortsausgangsschild wechseln wir auf den neben der Hauptstraße verlaufenden landwirtschaftlichen Wirtschaftsweg und bleiben auf diesem, bis er wieder in die Hauptstraße mündet. Wir wandern nun nach links von der Straße weg in die Wiesen hinein. Bereits nach etwa 100 m gehen wir einen Wiesenweg nach rechts, der uns wieder zum Wald führt. Durch diesen stoßen wir auf den Weg zum Haarsee. Links abbiegend, sehen wir nach wenigen Minuten den See vor uns. Bei warmem Wetter lockt eine Badepause, der Haarsee ist ja als Badesee sehr beliebt. Dem Volksmund nach ist er unergründlich tief, nur hat noch keiner diese tiefe Stelle gefunden.

Unser Weiterweg führt rechts am See vorbei zum Hotel „Forsthaus am Haarsee". Immer geradeaus haltend, überqueren wir eine Kreuzung – links ginge es zum Schloß – und wandern leicht bergab durch den Wald. Wir überqueren wieder die Straße Marnbach – Antdorf und steigen nach Westen auf die leichte Anhöhe eines Drumlins. Die Aussicht zeigt uns im Hintergrund den Hohen Peißenberg, links davon, noch weiter weg, Schnalzberg, Schmauzenberg und Kirnberg. Im Mittelgrund fällt unser Blick auf das Andreaskircherl bei Etting. Nach einigen Metern bergab biegen wir links in Richtung einer einzeln stehenden Fichte ab. Unter uns liegt bereits Eberfing, abwärtsgehend erreichen wir die Hauptstraße und in der Ortsmitte unseren Ausgangspunkt.

Gehzeit:	4 Stunden
Besonderer Hinweis:	Wanderung mit Badespaß
Anfahrt:	Seeshaupt – Marnbach – Eberfing, Weilheim – Etting – Eberfing
Ausgangspunkt:	Eberfing, Parkplatz beim Gasthaus zur Post
Einkehrmöglichkeiten:	Magnetsried, Gasthaus Quelle; Eberfing, Gasthaus zur Post
Baden:	Haarsee

Haarsee mit Hotel „Forsthaus“

11

Von Polling nach Berg

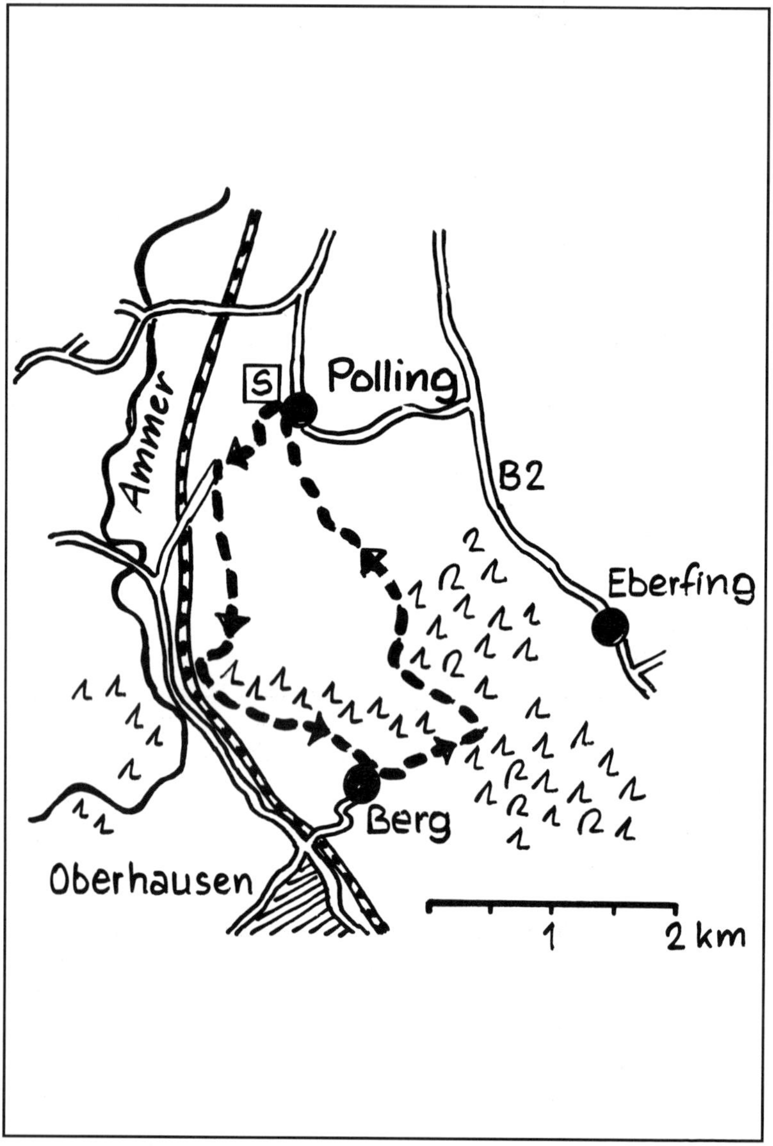

Das Klosterdorf Polling ist Ausgangspunkt einer beliebten Wanderung, die früher, als in Berg noch ein bekanntes Ausflugslokal war, oft gegangen wurde. Aber auch ohne Gasthaus hat diese Strecke nichts an Schönheit verloren. Polling erreichen wir über Weilheim. Wir lassen unser Fahrzeug bei der Kirche oder in der Nähe der Klosterwirtschaft stehen. Auch mit dem Zug oder Bus kann Polling angefahren werden. Bevor wir uns auf den Weg machen, werfen wir einen Blick in die ehemalige Klosterkirche, die allerdings meistens durch ein Gitter versperrt ist.

Polling: Bereits aus der Jungsteinzeit stammen die ersten Funde einer Besiedelung. In geschichtlicher Zeit bedeutsam wurde der Ort erst durch die Gründung eines Klosters durch Herzog Tassilo III. im 6. Jh. Im Laufe seiner Geschichte erlebte Polling viele Höhen und Tiefen, mit der Säkularisation kam das endgültige Aus. Die heutige Pfarrkirche, eine dreischiffige gotische Hallenkirche, stammt aus dem 13. Jh. Sie wurde später im Barockstil umgestaltet und ist eines der ersten Werke der Wessobrunner Stukkateur-Schule. Als besondere Kostbarkeit der Kirche gilt das Tassilo- oder Pollinger Kreuz aus dem 12. Jh. Sehenswert sind der restaurierte Bibliothekssaal und das Heimatmuseum; die Öffnungszeiten sollte man bei einem geplanten Besuch rechtzeitig bei der Gemeindeverwaltung erfragen.

Wir beginnen unsere Wanderung, indem wir der Huglfinger Straße über die Brücke des Tiefenbaches bis zum Abzweig Schafbichl folgen, der uns nach links von der Hauptstraße wegführt. Auf diesem Weg verlassen wir Polling und wandern auf ein Waldstück zu. Früher war hier ein Waldlehrpfad, der speziell auf das Waldsterben hinweisen sollte, aber leider stirbt dieser Lehrpfad selber.

Unser Weg zieht in südlicher Richtung weiter, bei der nächsten Kreuzung gehen wir nach rechts und stoßen auf die Bahnlinie. Diese begleitet uns ein kurzes Stück, bis unser Weg an den Wald stößt. Ein steiler Ziehweg, er befindet sich in einem etwas schlechten Zustand, führt uns durch den Wald bis zu einer großen Wiese. Auf Trittspuren überqueren wir diese und erreichen nach etwa 200 m einen festen Weg. Vor uns sehen wir schon den Turm der Berger Kirche, und bald sind wir in der hochgelegenen Ortschaft Berg angelangt. Natürlich werfen wir einen Blick in die Kirche, aber auch in die Ferne, da durch die Lage auf der Höhe Berg nach allen Seiten eine gute Aussicht bietet, die wir genießen sollten.

Polling, Klosterkirche

Wir verlassen Berg in östlicher Richtung, vorbei am Löschwasserteich. Links abbiegend, wandern wir bergab zum Wald. Unser Weg wird zu einem tief eingeschnittenen Waldweg. Die aus Sandsteinmolasse bestehenden „Schluchtwände“ finden unsere besondere Aufmerksamkeit. Am Waldrand und damit im Tal angekommen, erreichen wir den von Etting nach Polling führenden Weg. Der Ettinger Weiher lockt zum Baden, dazu müssen wir ein paar Schritte Richtung Etting zurückgehen.

Weiter geht es durch das Tal in Richtung Gemeinde Polling, die wir bei der Obermühle erreichen. Wir halten uns immer geradeaus auf den Kirchturm zu und gelangen so wieder zu unserem Ausgangspunkt.

Neuntöter

Gehzeit:	Etwa 3 Stunden
Besonderer Hinweis:	Wanderung mit einigen Steigungen
Anfahrt:	Weilheim – Polling; Peißenberg – Polling
Ausgangspunkt:	Polling, Parkplatz vor der Kirche
Einkehrmöglichkeit:	Polling, Klosterwirtschaft
Baden:	Ettinger Weiher

12

Entlang der Ammer

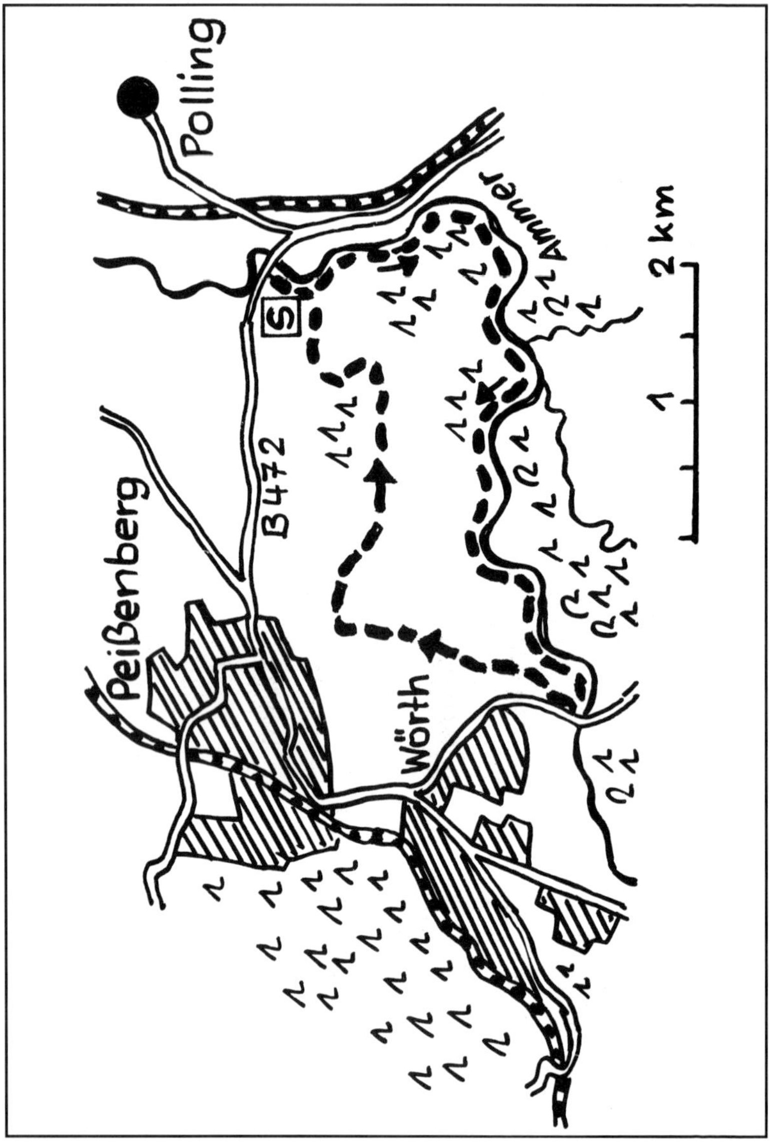

Die Roßlaichbrücke, das ist die Ammerbrücke zwischen Peißenberg und Huglfing, ist Ausgangspunkt unserer heutigen Wanderung. Wir erreichen sie von Weilheim über Polling oder von Peißenberg in Richtung Huglfing fahrend. Auf dem Parkplatz bei der Brücke lassen wir das Auto stehen und marschieren auf der Westseite, also in Fließrichtung gesehen, am linken Ammerufer flußaufwärts. Zuerst bleiben wir auf der Teerstraße, wechseln jedoch bei der ersten Gelegenheit zum Dammweg im Uferbereich.

Geologisch interessant sind die Schwellstufen, die in diesem Ammerbereich wie künstliche Verbauungen wirken, aber ihren Ursprung in weiter geologischer Vergangenheit haben. Diese Faltenmolasse aus dem Tertiär bildet den Riegel vom Guggenberg bis Berg, den die Ammer durchbrechen muß.

Wir wandern durch alte Auwaldbestände, in denen im Frühjahr Seidelbast und Anemonen blühen, immer an der Ammer aufwärts. Am Uferbereich treffen wir die Wasseramsel und mit etwas Glück

Wasseramsel

An der Ammer bei Polling

auch einmal einen Eisvogel. Oft wird die Ammer auch durch bunte Kajaks und Schlauchboote belebt. Bis zur Wörther Ammerbrücke in Peißenberg, vorbei am Campingplatz, wandern wir dem Wasser entgegen und werden von seinem Rauschen, aber auch von vielfältigem Vogelgesang unterhalten. Der Prälatenweg hat uns bis jetzt begleitet, an der Ammerbrücke schwenken wir nach rechts und verlassen diesen Fernwanderweg.

Wir gehen in Richtung Marktmitte – Peißenberg ist eine Marktgemeinde –, biegen am Ende der Scheithaufstraße in die Ganghoferstraße und später nach rechts in die Grandelmoosstraße ein, der wir in nördlicher Richtung zum Guggenberg folgen. Der Weg führt uns durch Feuchtwiesen am Grandelfilz vorbei bergauf zu einem alten Hof. Auf dem höchsten Punkt zweigt eine Fahrstraße scharf nach rechts nach Ficht ab. Dieser Straße und damit dem „Prälaten-Radler-Weg“ folgen wir, später senkt sich der Weg bergab nach rechts. Geradeaus lockt uns ein Feldweg zum Weitergehen auf dem Bergrücken. Aber Achtung: der Weg verläuft sich etwas, und nur wer sich nicht scheut, auch einmal über Weidezäune zu klettern oder durch Kuhherden zu wandern, sollte ihn wählen. Mit etwas Pfadfindergeist trifft man in der Nähe des Berghofes auf die Fahrstraße.

Wer den bequemeren Weg bergab wählt, kommt am Weiler Ficht vorbei und wandert weiter nach links aufwärts zum Berghof. Nun marschieren wir wieder bergab in Richtung Ammer, treffen auf die Fahrstraße und erreichen den Parkplatz.

Gehzeit:	3–4 Stunden
Besonderer Hinweis:	Gemütliche und meist schattige Wanderung
Anfahrt:	Schongau–Peißenberg, Richtung Huglfing; Weilheim–Polling, Richtung Peißenberg
Ausgangspunkt:	Roßlaicher Ammerbrücke
Einkehrmöglichkeit:	Peißenberg, Gasthaus Ammertal
Baden:	Peißenberg, Rigi-Rutsch’n

13

Auf dem Alpinisteig

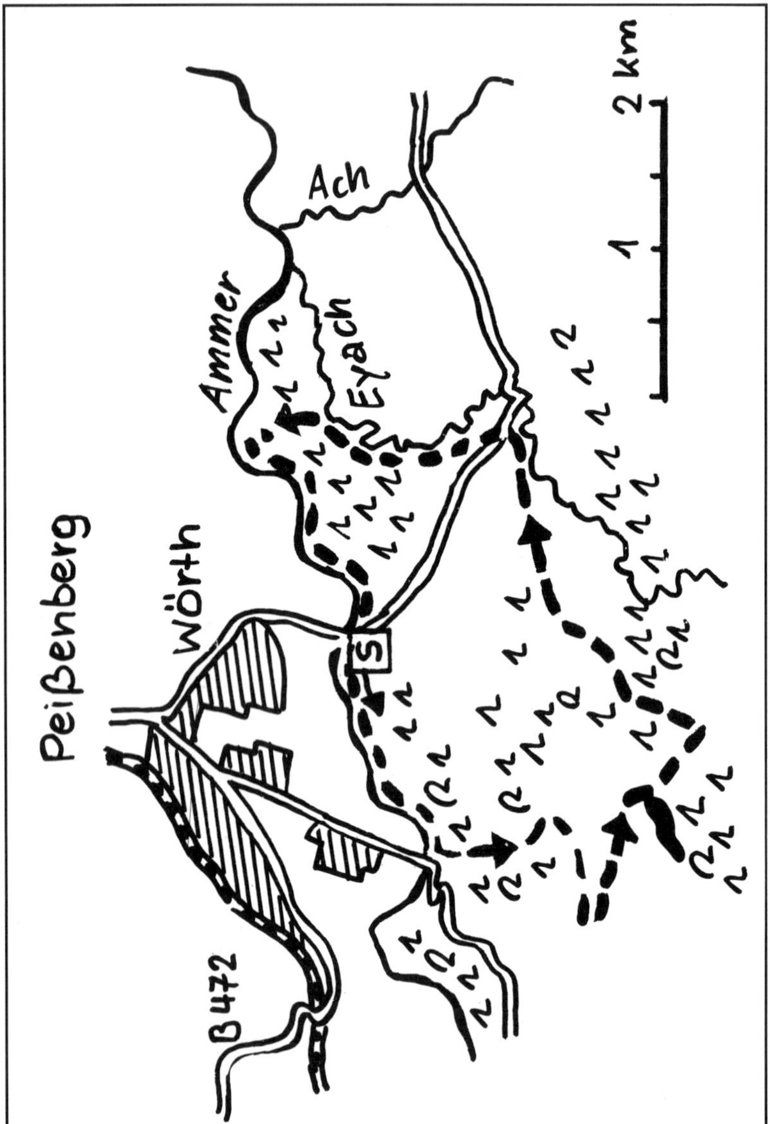

Die ehemalige Bergwerksgemeinde Peißenberg hat im Bereich der Ammer einen Wanderweg angelegt, der mit kleineren Varianten mit unserem heutigen Wanderweg identisch ist. Wir starten bei der Wörther Ammerbrücke – hier sind zwei kleine Wanderparkplätze – und gehen über den Alpinisteig zum Jubiläumsweg. Die Wörther Ammerbrücke erreichen wir, wenn wir in Peißenberg zum Ortsteil Wörth abbiegen und weiter in Richtung Oberhausen fahren.

Haben wir den Parkplatz vor der Brücke gewählt, müssen wir nun die Ammer überqueren. Unser Weg bleibt auf der Südseite, der Bergseite der Ammer, topographisch (in Fließrichtung) gesehen am rechten Ufer. Wir wandern flußaufwärts, bis wir die Böbinger Ammerbrücke erreichen. Bis hierher und auch auf dem folgenden Steig entspricht unser Weg dem Prälatenweg. An der Böbinger Ammerbrücke können wir dem Treiben der vielen Kajakfahrer zuschauen. Die meisten beenden hier ihre Fahrt durch die Ammerschlucht. Da durch diese Wasserwanderer der Parkplatz an dieser Brücke immer überfüllt ist, haben wir als Ausgangspunkt die ruhigere Wörther Brücke gewählt.

Bei der Wandertafel beginnt der „Alpini-Rundweg", wir folgen der Markierung „P 21" und „Prälatenweg" und steigen zwischen Wandertafel und Hütte den Berghang hinauf. Über eine Brücke wechseln wir auf die andere Bachseite, in leichter Steigung gehen wir bis zum Wasserfall und Aussichtspunkt. Nach der üblichen Schaurast steigen wir weiter durch den Mischwald bis zum Waldrand. Hier verlassen wir den Alpinisteig und die Markierung „P 21", bleiben aber noch auf dem Prälatenweg. Beim Reitner-Bauer spazieren wir zwischen Hof und Kapelle durch und biegen gleich nach rechts auf einen Fahrweg ab, dem wir durch ein teilweise sumpfiges Waldstück bis zur Straße folgen.

Bei dieser Kreuzung genießen wir den herrlichen Blick zum Hohen Peißenberg, der zum Greifen nahe vor uns liegt. Der Weiterweg weist uns nach links, wir kehren dem Hohen Peißenberg den Rükken und verlassen nach etwa 50 m den Prälatenweg nach links. Wir bleiben auf der Straße zum Granerhof, den wir schon nach kurzer Zeit erreichen.

Granerhof: Das Gut Granerhof – Grambach steht in der Karte – wurde nach dem Krieg in mehrere Aussiedlerhöfe aufgeteilt. Der Herrensitz diente später als Kinderheim, das inzwischen nach Rottenbuch verlegt wurde. Heute merkt man dem alten Besitz an, daß er schon bessere Zeiten gesehen hat. Für den Wanderer interessant sind die Dam- und Rothirsche, die in großräumigen Gehegen gehalten werden.

Zwischen den Höfen wandern wir nach rechts. Vor uns liegen die Weideflächen für das Rot- und Damwild. Im Hintergrund fällt unser Blick auf den Kirnberg mit dem Dreiseenblick, dem Ziel unserer Wanderung Nr. 18. Die Straße führt uns an einem Weiher – vielleicht sehen wir hier einen Graureiher stehen – vorbei zu den letzten Aussiedlerhöfen. Nach diesem Weiler schwenken wir scharf nach links und gehen zwischen den Höfen hindurch weiter in Richtung Norden. Auf dem befestigten Fahrweg marschieren wir durch Wald, dann durch Wiesengelände und treffen auf die nach Buchen führende Fahrstraße. Wir bleiben rechts, lassen Buchen links liegen und erreichen bald die Fahrstraße nach Peißenberg, der wir ein Stück nach links folgen. Vor uns erhebt sich ein Naturdenkmal, eine Bergkuppe mit freiem Südhang (Halbtrockenrasen) und herrlichem Buchenbestand auf der Nordseite.

Nach dem Straßenschild „12% Gefälle“ steigen wir rechts den Wald aufwärts. Ab hier folgen wir der Markierung „P 31“. Achtung: Die Strecke ist uns entgegen ausgeschildert, wir sehen also die Beschilderung zuerst nur von hinten! Auf Steigspuren aufwärts erreichen wir den Kamm und den höchsten Punkt dieses Naturdenkmales. Auch jetzt nehmen wir uns Zeit zum Schauen. Vor uns liegt ein Weiher, dahinter der Armeleiten-Hof, und im Hintergrund sehen wir Benediktenwand, Schafreiter und auch das Estergebirge mit dem Krottenkopf.

Teils am Waldrand und teils im Wald spazieren wir nach Osten bergab. Vorbei an einem Waldweiher führt unser Pfad – es ist der Jubiläumsweg – zur Eyachschlucht.

Wir bleiben oberhalb dieser Schlucht am Waldrand. Im Frühjahr leuchten die Blüten der hier wachsenden schönen alten Wildkirschen, auf der Weide stehen einige große Eichen und dazwischen eröffnen sich immer wieder Tiefblicke in die Eyachschlucht. Bergab gehend stoßen wir auf die Straße Peißenberg – Oberhausen, neben der unser Pfad ein kurzes Stück in Richtung Peißenberg verläuft. Beim Kreilhof überqueren wir die Straße, nach dem Hof wandern wir auf dem für Fahrzeuge gesperrten Weg, immer der Markierung „P 31“ entgegen, ins Scheithauf-Filz hinein.

Naturdenkmal beim Armeleiten-Hof

Wir treffen nach kurzem Wegstück auf eine Abkürzung, die quer durchs Schneitfilz führt. Früher fuhren auf diesem Damm die Torfloren, denn im Schneitfilz wurde Torf gewerblich abgebaut. Die Abkürzung bringt uns kurz vor der Brücke zum Ammerdamm.

Wer noch Kraft und Zeit hat, sollte den Abkürzer ignorieren und geradeaus weiterlaufen. Wir erreichen einen Altwasserbereich und den Ammerdamm, dem wir jetzt flußaufwärts folgen, bis wir beim ehemaligen Torfwerk auf die Abkürzung treffen und weiterwandernd schließlich auch den Parkplatz erreichen.

Haubenmeise mit Futter

Gehzeit:	Etwa 5 Stunden
Besonderer Hinweis:	Wanderung mit mittleren Steigungen
Anfahrt:	Weilheim–Peißenberg/Wörth; Schongau–Peiting – Peißenberg/Wörth
Ausgangspunkt:	Wörther Ammerbrücke
Einkehrmöglichkeit:	Peißenberg, Gasthaus Ammertal
Baden:	Peißenberg, Rigi-Rutsch'n

14

Zum „Bayerischen Rigi“

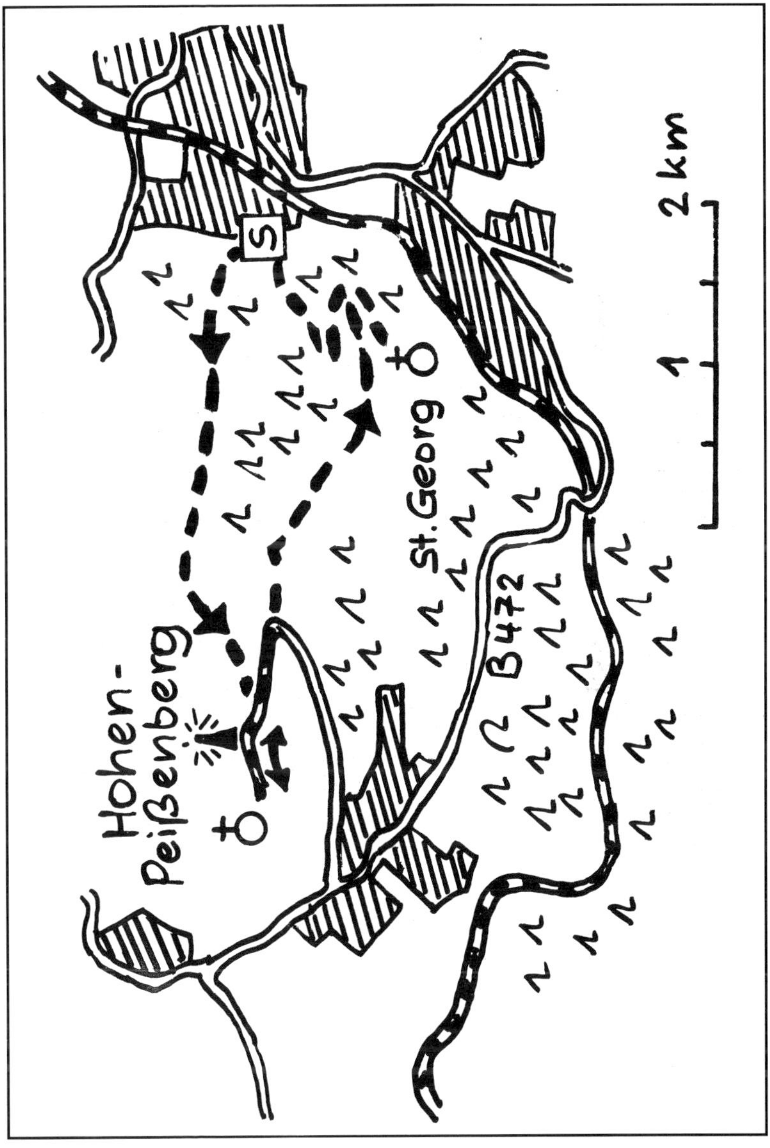

Eine fast schon klassische Wanderung führt von Peißenberg auf den Hohen Peißenberg. Besonders im Frühjahr, wenn in den Bergen noch Schnee liegt, ist dies eine beliebte und leichte Eingehtour. In Peißenberg fahren wir bis zur Ortsmitte und biegen in der sogenannten Saalkurve – das Gasthaus Saal steht allerdings nicht mehr – zum Bahnhof bzw. in die Sulz ab. Wir überqueren die Bahnlinie und folgen dem Hinweisschild zum Bergbau-Museum. Vor der kleinen Evangelischen Kirche zweigen wir links in die Sulzer Straße und nach wenigen m nochmals links zum Parkplatz am Bergbau-Museum ab.

Markt Peißenberg: Bereits im 11. Jh. erwähnt, erhielt Peißenberg seine heutige Bedeutung erst im 19. Jh. mit dem bergmännischen Abbau der Pechkohle. Erster Fremdenverkehr stellte sich ein, nachdem im Bad Hohensulz die Eisen- und Schwefelquellen vermarktet wurden; ein berühmter Kurgast war Carl Spitzweg. Der Kurbetrieb erlosch mit dem Versiegen der Quellen rasch und das „Bad Sulz" verfiel mit der Zeit. Als es vor einigen Jahren abgerissen wurde, mußten die allerletzten Bewohner – selten gewordene Fledermausarten – umgesiedelt werden. In einem ehemaligen Bergwerksstollen fanden sie eine neue Heimat, die von den meisten Fledermäusen angenommen wurde. Nachdem auch der Kohleabbau eingestellt ist, berichtet heute nur noch das Bergwerk-Museum von der Arbeit unter Tage (Öffnungszeiten über den Verkehrsverein erfragen).

Kulturell wertvoll ist die am östlichen Ortseingang stehende Wallfahrtskirche Maria Aich, die im Jahre 1734 erbaut wurde. Einheimische Künstler gestalteten dieses Werk des bayerischen Rokoko. Matthias Günther – der berühmte Maler von Hohenpeißenberg – schuf die Dekkengemälde.

Vom Parkplatz gehen wir bis zur Kirche zurück. Hier biegen wir in die Thalackerstraße ein. Wer mit der Eisenbahn angekommen ist, geht vom Bahnhof links bis zur Bahnüberführung und dann links zur Evangelischen Kirche. Wir wandern die Thalackerstraße bergauf, bis nach links der St.-Michels-Weg abbiegt. Ihm folgen wir, zuerst am Bach entlang und dann zum Wasserhochbehälter. Am Waldrand gehen wir hoch über dem tiefeingeschnittenen Michelsbach, dann wandern wir durch Wiesen zur St.-Michaels-Kapelle und weiter zu den Weilern bzw. Gehöften Unter- und Oberbuchau. Wenn wir am Osthang des Peißenbergs aufwärts gehen, erkennen wir zurück-

Blick vom Hohen Peißenberg nach Süden

schauend Weilheim und das alte Ammerseebecken; bei guter Sicht reicht der Blick bis zum Wendelstein. Unser Weg zieht sich weiter bergauf, vorbei am Taigschuster, wo wir eine Straße überqueren, bis wir auf dem Hohen Peißenberg ankommen. Wir gehen zur Kirche und schauen uns um: Im Vordergrund liegt das Ammertal, dahinter die eiszeitliche Moränenlandschaft, und im Hintergrund erhebt sich im weiten Bogen die Alpenkette. Zur Rast setzen wir uns ins Gasthaus Zum Bayerischen Rigi und können an einem Terrassen- oder Fensterplatz die schöne Aussicht bei einer gemütlichen Brotzeit genießen.

Hohenpeißenberg: Die nach Norden letzte Alpenauffaltung schuf den Hohen Peißenberg, sein Gestein ist die Faltenmolasse. Eiszeitliche Funde – Findlinge aus fremden Gesteinsarten – zeigen, daß während der letzten Eiszeit selbst der Hohe Peißenberg völlig unter der Eisdecke der Gletscher lag.

Steile Höhen und alleinstehende Berge oder Hügel waren von jeher beliebte Punkte, entweder wurden Burgen darauf gebaut oder Kultstätten. So errichtete man auf dem Peißenberg bereits 1514 ein Marienheiligtum. Nachdem die Wallfahrt aufblühte und die schon erweiterte Gnadenkapelle zu klein wurde, erbaute man im 17. Jh. eine neue Wallfahrtskirche, die sich nach Osten an die Gnadenkapelle anschließt. Diese wurde im Rokoko von den Künstlern der Umgebung prächtig ausgestattet. Die Deckengemälde schuf der Hohenpeißenberger Matthias Günther.

Aber nicht nur die Kirche begründet den Ruhm des Hohen Peißenbergs, trägt er doch die älteste Berg-Wetterstation der Erde. Das meteorologische Observatorium kann eine über 200jährige ununterbrochene Beobachtungsreihe dokumentieren.

Heutiges Wahrzeichen ist der 168 m hohe Fernsehturm, der aber keinen Besucherbereich hat. Doch die Aussicht vom Hohen Peißenberg – dem „Bayerischen Rigi“ – ist auch von „unten“ so umfassend und einzigartig, daß ein Besteigen des Fernsehturmes auch nicht viel mehr bringen würde.

Der Abstieg führt uns zuerst die Fahrstraße hinunter, vorbei am Friedhof von Hohenpeißenberg, dann an den amerikanischen Funkanlagen und später am Fernsehturm. Bei der ersten großen Kurve verlassen wir die Straße und wandern nach Oberschwaig, steigen dann über Wiesenwege nach Mitter- und Vorderhölzl und weiter zum Weinbauern hinunter.

Jetzt können wir noch einen kleinen Abstecher zur St.-Georgs-Kapelle machen. Aber erst fragen wir beim Bauern nach dem Schlüssel, sonst stehen wir vor verschlossenen Türen. Die Kapelle enthält einen gotischen Freskenzyklus mit dem Martyrium des hl. Georg. Diese Bilder stammen aus der Zeit um 1400.

Wir gehen nach der Besichtigung zum Weinbauern zurück und wandern einen Serpentinenweg abwärts. Unter uns liegen die Gleisanlagen des Peißenberger Bahnhofs. Bald sind wir unten und kommen kurz vor dem Parkplatz auf die Straße.

Gehzeit:	Etwa 4 Stunden
Besonderer Hinweis:	Leichte Bergwanderung
Anfahrt:	Weilheim – Peißenberg; Peiting – Hohenpeißenberg – Peißenberg
Ausgangspunkt:	Peißenberg, Parkplatz am Bergbau-Museum
Einkehrmöglichkeit:	Hohenpeißenberg, Gasthaus Bayerischer Rigi
Baden:	Peißenberg, Rigi-Rutsch'n

15

Von Böbing auf den Schnalzberg

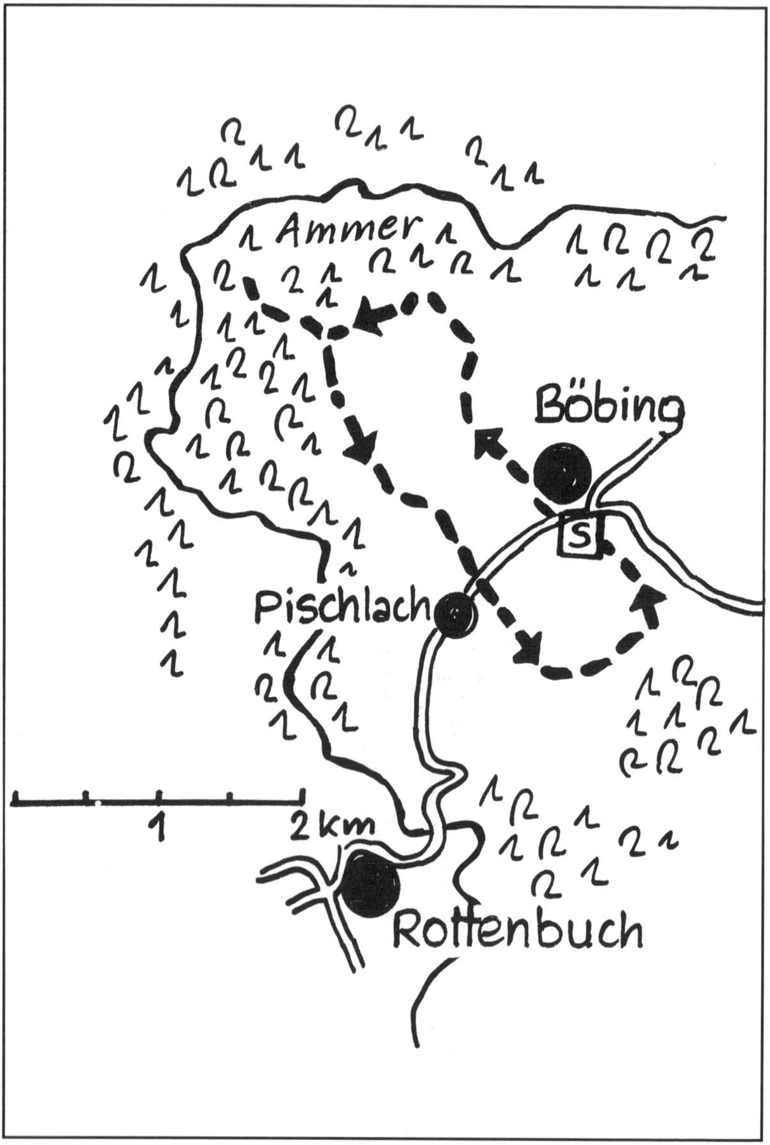

Die Wanderung beginnt am Maibaum, mitten im Dorf Böbing, wo wir uns am Brunnen rechts in Richtung Schnalzstüberl halten. Wir befinden uns auf dem Rundwanderweg B 1, der uns durch Wiesen zum Schnalzberg führt.

Unser Blick bleibt immer wieder am Hohen Peißenberg hängen, der rechter Hand über den Wald herübergrüßt. Am Abzweig zum Schnalzstüberl marschieren wir, wenn uns nicht gerade eine Brotzeit lockt, geradeaus weiter auf der Flurbereinigungsstraße (nicht mehr der „B 1" – Markierung folgen).

Bei der nächsten Wegekreuzung, die durch einen alten Stadel gekennzeichnet ist, verlassen wir die Straße nach links und steigen den Wiesenweg bergan, durch ein kurzes Waldstück, über eine Weidefläche und gehen zum Schluß am Weidezaun entlang, bis wir das Gipfelkreuz erreichen.

Der Schnalzberg: Diese 903 m hohe Anhöhe ist als Naturdenkmal geschützt. Im Frühsommer blüht hier neben einer reichhaltigen Wiesenflora auch die sehr seltene Kugelorchidee.

Blick von Böbing zum Schnalzberg

Die Aussicht vom Schnalzberg ist, besonders bei föhnigem Wetter, beeindruckend. Sie reicht vom Wendelstein im Osten bis zu den Tannheimer Bergen im Westen. Der Blick in Richtung Süden zeigt im Vordergrund das Kohlgruber Hörndl und den Oberammergauer Kofel, den Hintergrund beschließt das Wettersteinmassiv mit der Zugspitze. Direkt vor bzw. unter unseren Füßen liegen die Orte Böbing, Rottenbuch und Schönberg.

Wir wandern nun weiter in Richtung Westen durch ein Waldstück. Die nächste Wegekreuzung bietet uns einen interessanten Abstecher zum Aussichtspunkt Ammer. Wir folgen dem nach rechts führenden Weg, bis wir nach etwa 10 Minuten den erwähnten Punkt erreichen. Eine Bank lädt zum geruhsamen Schauen ein. Wir genießen den herrlichen Tiefblick in die Ammerschlucht und über das Naturschutzgebiet Ammertal. Etwa 300 m unter uns windet sich das tiefeingeschnittene Flußbett der Ammer, die vom Frühjahr bis zum Spätherbst von farbigen Kajaks und Schlauchbooten bevölkert ist.

Wir wandern den kleinen Abstecher zurück und marschieren bergab in Richtung Böbing – Holzleiten. In Holzleiten halten wir uns links (Richtung Böbing). Hier können wir die Wanderung abbrechen und direkt nach Böbing zurückgehen.

Wacholderdrossel

Böbing, Pfarrkirche

Zur Abrundung sollten wir jedoch den Böbinger Pestfriedhof noch „mitnehmen". Wir verlassen nach dem Ortsende von Holzleiten die Straße nach rechts, überqueren bei einem Feldkreuz die nach Rottenbuch führende Hauptstraße und folgen dem linken Feldweg bis zur Straße nach Schönberg. Dabei lassen wir den Ort Pischlach rechts liegen.

Nachdem wir etwa 200 m auf der Straße Richtung Schönberg zurückgelegt haben, führt uns ein weiterer Feldweg in Richtung Osten auf eine Baumgruppe zu. Diese Baumgruppe, die wir weglos über die Wiese gehend – natürlich ohne Flurschaden anzurichten – erreichen, schließt den Pestfriedhof ein.

Böbinger Pestfriedhof: Im Jahre 1638 wurde auch in Böbing die damalige Geißel der Menschheit – die Pest – eingeschleppt. Die Todesopfer hat man abseits auf einem eigenen Friedhof, dem Pestfriedhof, bestattet, der heute noch erhalten ist.

Wir verlassen den Friedhof in östlicher Richtung weglos bis zu einem alten Feldkreuz. Hier beginnt der Weg, der uns nach Böbing zurückbringt. Kurz davor erreichen wir die Kirchstraße. Ein Besuch der Kirche lohnt sich.

Pfarrkirche St. Georg: Die Kirche besitzt eine bemerkenswerte Kanzel und eine Empore mit Apostelbildern. Der Bau wurde im Jahre 1632 durch die Schweden zerstört; bereits 1638 setzte man an den erhalten gebliebenen Chor ein neues Langhaus. Spätere Erweiterungen gaben der Kirche ihr heutiges Aussehen.

Nur ein paar Schritte trennen uns jetzt noch von unserem Ausgangspunkt und von einer gemütlichen Brotzeit im Dorfgasthof.

Gehzeit:	Etwa 3 Stunden
Besonderer Hinweis:	Sehr leichte Bergwanderung, auch für Kinder geeignet
Anfahrt:	Weilheim – Peißenberg – Böbing oder Schongau – Peiting – Rottenbuch – Böbing
Ausgangspunkt:	Böbing, Parkplatz Gasthaus zur Post (hier auch Bushaltestelle)
Einkehrmöglichkeit:	Böbing, Gasthaus zur Post

16

In die Schnalz

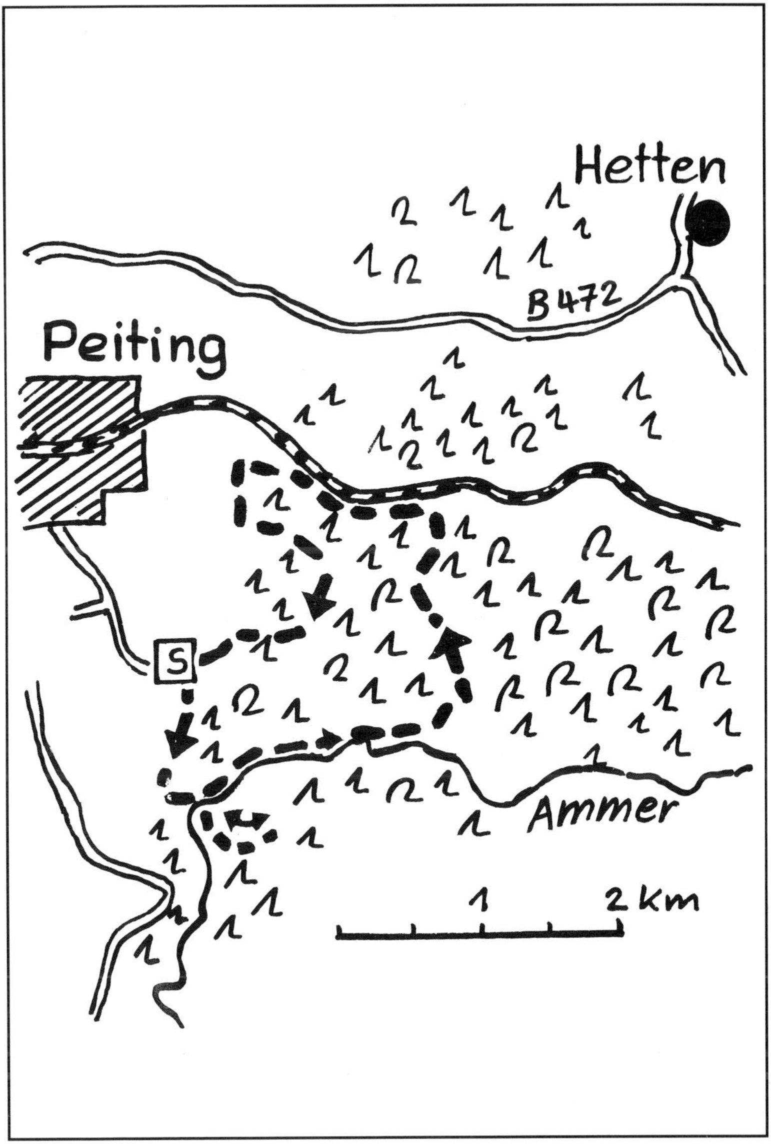

Das tiefeingeschnittene Ammertal verlockt uns zu einer schönen, wenn auch ein wenig anstrengenden Wanderung. Ausgangspunkt ist der Wanderparkplatz an der Schnalz. Mit etwas Orientierungssinn wird es uns nicht schwerfallen, diesen Punkt zu finden. Mit dem Auto fährt man in Peiting am besten in Richtung Rottenbuch. Nach dem Ortsausgang biegen wir nach links zu den Moraltwerken ab, umfahren diese rechts und erreichen bald darauf den Parkplatz. Für Zugfahrer empfehlen wir, erst bzw. schon in Peiting-Ost auszusteigen. Von hier markiert das Prälatenweg-Zeichen den „Zubringer" zum Prälatenweg und damit auch zum Ausgangspunkt.

Markt Peiting: Bereits in der Jungsteinzeit war die Gegend um Peiting besiedelt, wie verschiedene Bodenfunde beweisen. Die Siedlungsgeschichte wird weiterhin durch ein keltisches Gräberfeld der Bronzezeit, durch spätere Funde aus der Römerzeit und durch ein alemannisches Reihengräberfeld belegt. Die erste Urkunde, in der Peiting erwähnt wird, stammt aus dem Jahre 1055. Burg und Grafschaft Peiting waren damals im Besitz der Welfen. Brände und Plünderungen verhinderten in der Folge einen Aufschwung Peitings. Durch die Errichtung eines Kohlebergwerks 1920 begann die Industrialisierung des Ortes. Die Förderung wurde 1968 eingestellt. Die Peitinger Kohleflöze reichen bis 1000 m unter Tage. Am Beginn unserer Wanderung queren wir die alten Abraumhalden des Bergwerkes. Der aufmerksame Wanderer kann hier Versteinerungen von Schnecken und Muscheln finden.

Unsere Route orientiert sich zuerst am Wanderweg P 6. Wir gehen ein paar Schritte Richtung Peiting und folgen dann dem nach links abbiegenden Pfad. Kurz danach schwenkt unser Pfad nach links den Hang hinunter. Wir steigen vorsichtig bergab, da besonders bei nassem Wetter der Boden schmierig und die Ausrutschgefahr groß ist. Allerdings passiert uns bei solch einem Sturz außer einem schmutzigen Hosenboden normalerweise nichts. Bei diesem Abstieg treffen wir auf den Prälatenweg, der in halber Hanghöhe nach Rottenbuch führt und von der Ammer unseren Abstieg heraufzieht.

Wir steigen zur Ammer hinunter und haben damit den Ausfluß der Ammer aus der engen Schlucht erreicht. Bevor wir weiterwandern, machen wir einen Abstecher zu den Schnalzhöhlen. Dabei gehen wir über den Kalkofensteg und steigen den Fußweg bergauf zu den im Sandstein eingegrabenen Höhlen. Im Mittelalter, so berichtet die Legende, haben sich die Rottenbucher Mönche in diesen Höhlen vor den Schweden versteckt.

Schwarzspecht

Nach der Besichtigung der Schnalzhöhlen kehren wir um, werfen noch einen Blick flußaufwärts in die Ammerschlucht und gehen über den Steg zurück. In der Nähe des Steges stand früher ein Kalkofen, von dem nur noch spärliche Reste vorhanden sind. In der Bergwerkszeit war der Kalkofensteg für die Böbinger Bergleute der tägliche Arbeitsweg zur Peitinger Grube.

Unser Weiterweg führt auf der linken Ammerseite flußabwärts, wobei wir auf den von Peiting kommenden Forstweg treffen. Hier finden wir die Markierung „P 7“, der wir nun folgen. Bei der Schnalz-Diensthütte verlassen wir das Ammertal und wandern links aufwärts durch den Wald. Nach einer gemütlichen Waldstrecke erreichen wir die Bahnlinie Weilheim – Schongau.

Nun halten wir uns auf der nach links führenden Fahrstraße, kreuzen dabei zweimal die Bahnlinie und biegen etwa 400 m nach dem letzen Übergang links ab. Den nach Süden ziehenden Weg verlassen wir bei einer Wegegabelung nach links, wenn wir das Hinweisschild „Landschaftsschutzgebiet“ sehen. Wir wandern wieder auf einem schönen Waldweg, der uns um das Weitfilz herumführt. Die Flora dieses Filzes, angefangen vom Spirkenbewuchs bis zum Heidekraut, können wir vom Weg aus und damit trockenen Fußes bewundern.

Die Markierung „P 7“ bringt uns zum Wanderparkplatz zurück. Kurz nach Verlassen des Waldes mündet unser Weg in die Straße zum Parkplatz, und nach wenigen Schritten sind wir am Ende unserer Wanderung.

Gehzeit:	4 Stunden
Besonderer Hinweis:	Wanderung auf steilen Wegen
Anfahrt:	Weilheim–Peiting; Schongau–Peiting
Ausgangspunkt:	Peiting, Wanderparkplatz Schnalz
Einkehrmöglichkeiten:	Nur in Peiting
Baden:	Bedingt in der Ammer

17

Über der Litzauer Lechschleife

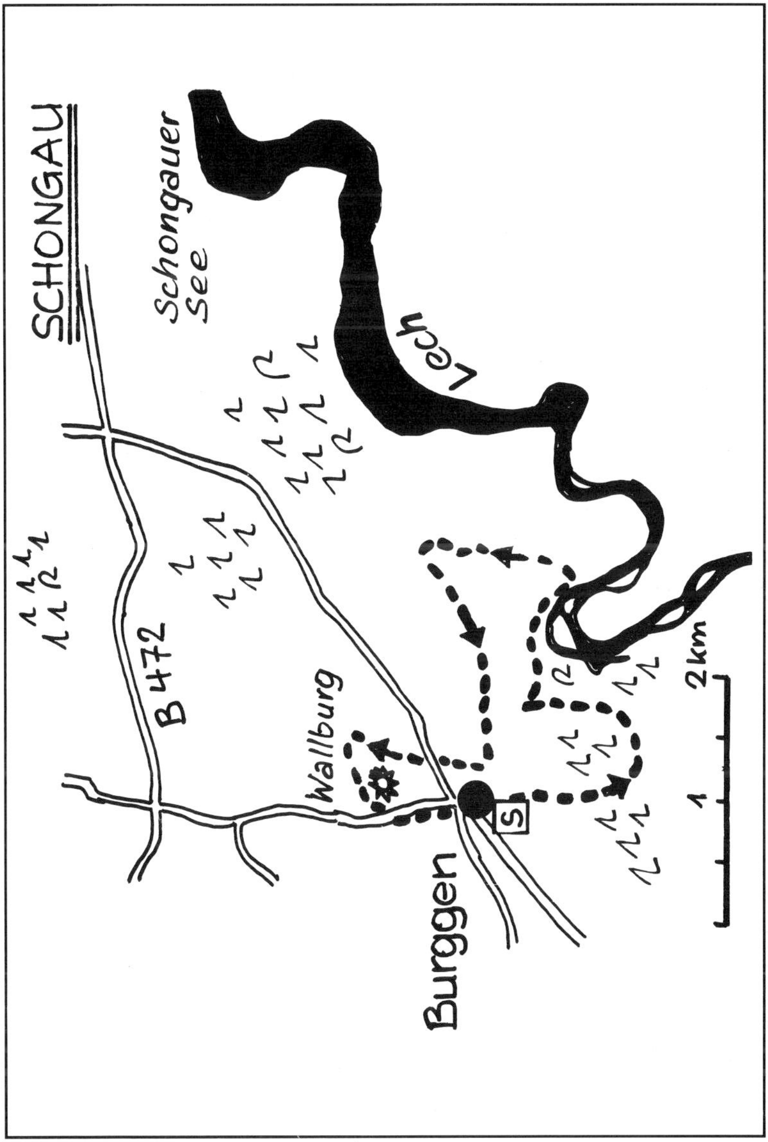

Burggen, an der Römerstraße Augsburg – Verona gelegen, ist der Ausgangspunkt einer Tour, die uns schöne Tiefblicke auf eines der letzten unberührten Teilstücke eines Voralpenflusses, des Lechbogens Litzauer Schleife gewährt. Wir erreichen Burggen direkt von Schongau oder über Füssen, Bernbeuren. Unser Fahrzeug parken wir hinter der Kirche und sind damit schon auf der nach Dessau führenden Straße.

In südlicher Richtung wandern wir die Dessauer Straße aus Burggen hinaus und folgen dabei der Markierung „B 2“. Vorbei an einer Kiesgrube treffen wir auf den Abzweig zur Forchenmühle und Litzauer Schleife. Nach kurzer Strecke auf dieser Straße biegen wir nach links, durch den Forchenwald. Wir bleiben immer auf dem Hochufer, gehen also nicht in die Litzau. Unser Weg führt etwas vom Lech weg, bei einer Kreuzung mit Bank halten wir uns wieder nach rechts zurück zum Lech-Hochufer. Wir achten immer auf die Markierung „B 2“ und wandern hoch über der Litzauer Schleife. Die Tiefblicke zum Lech gehören zum Großartigsten dieser Tour. Hier zeigt der Lech noch seinen ursprünglichen Charakter, obwohl die das Bild immer wieder verändernden Hochwasser durch die Staustufen und den Forggenseestau kaum noch auftreten. Kiesbänke mit und ohne Weidenbewuchs liefern Brutplätze für Regenpfeifer und Flußuferläufer, die Steilufer bieten selbst dem äußerst seltenen Uhu gelegentlichen Lebensraum; in hohlen Bäumen und künstlichen Nistkästen brütet der Gänsesäger. Auch botanische Kostbarkeiten finden wir hier, in den Steilhängen mit ihrem natürlichen Schutz blüht der Frauenschuh, auf den Kiesbänken und dem Lechufer finden wir wieder eine alpine Flora, hergeschwemmt vom Lech.

Wir wandern immer oberhalb der Steilhalde Lech-abwärts, bis unsere Markierung den Lech nach links verläßt. Wollen wir direkt zum Fluß, bietet sich jetzt ein geeigneter Abstecher an. Wir gehen einfach am Hochufer weiter, das sich langsam zum Lech absenkt. Ein breiter Weg bringt uns ans Wasser und in den Bereich der angeschwemmten alpinen Flora. Zurück zu unserem Weg wandern wir einen Feldpfad entlang, überqueren den ersten von Burggen herführenden Weg und stoßen bei einem Feldkreuz auf die nach Burggen zurückführende Strecke.

In Burggen gehen wir noch nicht zum Parkplatz, sondern halten uns nach dem Sportplatz rechts, dann gleich links zur Straße nach

Burggen, Eligiuskapelle am Ortseingang

Schongau. Diese überqueren wir und marschieren durch die Wiesen zum Burglasberg, zu dessen rechtem Gipfelkreuz wir zuerst aufsteigen. Rechts am Ende des kleinen Waldstücks zieht sich ein Flußweg zum höchsten Punkt. Wir stehen auf einem Moränenteilbogen, einer Geröllumwallung einer kleinen Eiszunge des eiszeitlichen Gletschers. Kennzeichnend ist der südliche Steilabfall, der heute einen Trockenrasen mit seinen typischen Pflanzen aufweist. Im Frühjahr blühen Küchenschelle und Enzian.

Vom Kreuz aus steigen wir nach Westen zum nächsten Gipfel. Während des Anstiegs fallen uns zwei ringförmige Wälle auf, Reste einer mittelalterlichen Befestigungsanlage ohne weitere Funde. Auf der Höhe bietet sich eine Aussicht bis weit in die Schweizer Alpen – wenn der Föhn mitspielt!

Der Abstieg führt uns am Burg-Café vorbei, hier können wir uns stärken, ehe wir über die Hauptstraße Burggen erreichen und damit das Ende dieser Wanderung.

Flußregenpfeifer

Blick auf die Litzauer Schleife

Gehzeit:	4 Stunden
Besonderer Hinweis:	Wanderung mit leichten Steigungen
Anfahrt:	Schongau – Burggen; Füssen – Lechbruck – Bernbeuren – Burggen
Ausgangspunkt:	Burggen, Parkplatz hinter der Kirche
Einkehrmöglichkeiten:	Burggen, Burg-Café; Gasthof zum Adler

18

Von Steingaden nach Prem

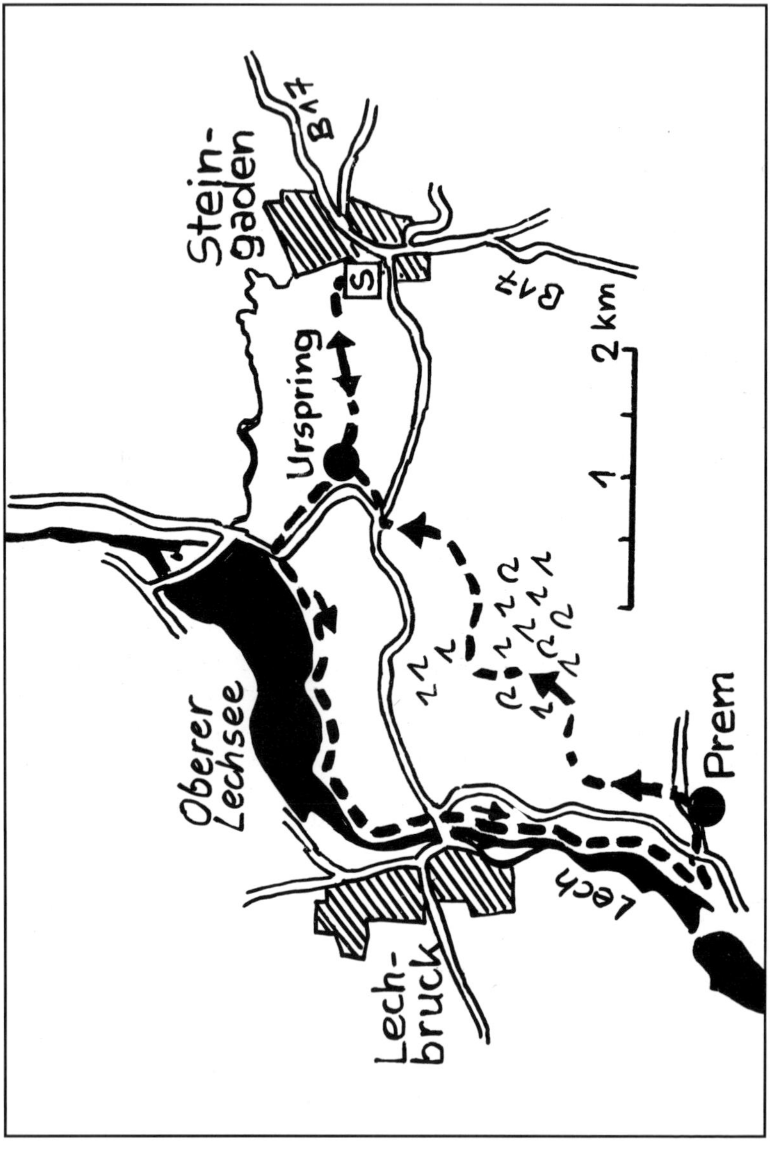

Der Marktplatz in Steingaden ist Ausgangspunkt dieser Wanderung zum Lech und durchs Moos. Wir erreichen Steingaden direkt von Peiting und Füssen oder von Murnau über Bayersoien und Wildsteig. Nachdem wir dem Welfenmünster unsere Referenz erwiesen haben, beginnen wir unsere Tour.

Steingaden: Im Jahre 1147 gründete Herzog Welf VI. das Kloster Steingaden, das dem Orden der Prämonstratenser übergeben wurde. Die Kirche, eine romanische Basilika, besteht außen noch als romanischer Baukörper, ebenso ist noch ein Seitenflügel, ein romanischer Kreuzgang mit spätgotischer Wölbung, erhalten. Die gotische Vorhalle enthält als Kostbarkeit einen die Geschichte des Welfenhauses erzählenden Freskenzyklus. Aus dem 18. Jh. stammt die Rokokoausstattung, geschaffen von Wessobrunner Künstlern.

Wir überqueren die Hauptstraße und wandern durch die Krankenhausstraße ortsauswärts durch Wiesen nach Urspring. Wieder sind wir auf dem Prälatenweg und auch auf dem König-Ludwig-Weg. In Urspring trennen sich die beiden Wege. Wir wählen den nach rechts ziehenden Prälatenweg und marschieren zum oberen Lechsee. Hier können wir je nach Jahreszeit eine Badepause einlegen oder im Herbst und zeitigen Frühjahr die auf dem See überwinternden Wasservögel beobachten.

Unser Weiterweg folgt jetzt dem Lech-Höhenweg. Vom Badeplatz halten wir uns links und wandern lechaufwärts bis zur Brücke in Lechbruck. Der Prälatenweg biegt über die Brücke ab, wir gehen jedoch auf dem Lech-Höhenweg am Ostufer des Lechs weiter, bis wir den Naturpark Lechaue in Prem, dem alten Flößerdorf, erreichen. Hier treffen wir wieder auf den großen Fernwanderweg, den König-Ludwig-Weg, den wir nun nach Steingaden zurückmarschieren.

Am Gasthaus Bayerischer Löwe in Prem überqueren wir die Hauptstraße und wandern zum Ort Steinwies. Beim Straßenschild „Sackgasse“ verlassen wir die Straße nach rechts in diese Sackgasse hinein. Der geteerte Weg endet hier, und wir wandern durch die Wiesen zum Königsfilz. Den Moorlehrpfad im Premer Filz sehen wir uns in Ruhe an. Torfmächtigkeiten bis zu 3 m werden von Hand gestochen, maschineller Einsatz wird nicht durchgeführt. Nach dem Moorlehrpfad halten wir uns nach rechts und haben bald den Ortsteil Steingädele erreicht.

Blick über den Lechstau zum Auerberg

Steingädele: Im 16. Jh. begann in Steingädele ein Hexenprozeß, dem später in Schongau die berüchtigten Hexenverfolgungen und Hexenprozesse folgten, bei denen über 60 Frauen zum Tode verurteilt wurden. In Steingädele allerdings hatte die Lucia Geigerin mehr Glück; trotz angelegter Daumenschrauben überstand sie das Verhör und wurde später freigelassen.

Von Steingädele aus haben wir zwei Möglichkeiten, unsere Wanderung zu beenden. Entweder marschieren wir direkt auf der Straße Steingaden – Lechbruck nach Steingaden zurück, oder wir queren die Straße und gelangen über Urspring – dies ist auch der Verlauf des König-Ludwig-Wegs – nach Steingaden zurück.

Prem (bei Föhn)

Gehzeit:	3–4 Stunden
Anfahrt:	Schongau – Peiting – Steingaden; Füssen – Halblech – Steingaden
Ausgangspunkt:	Steingaden, Marktplatz
Einkehrmöglichkeit:	Prem, Gasthaus Bayerischer Löwe
Baden:	Oberer Lechsee

19

Zum Mühlegg und Schwaigsee

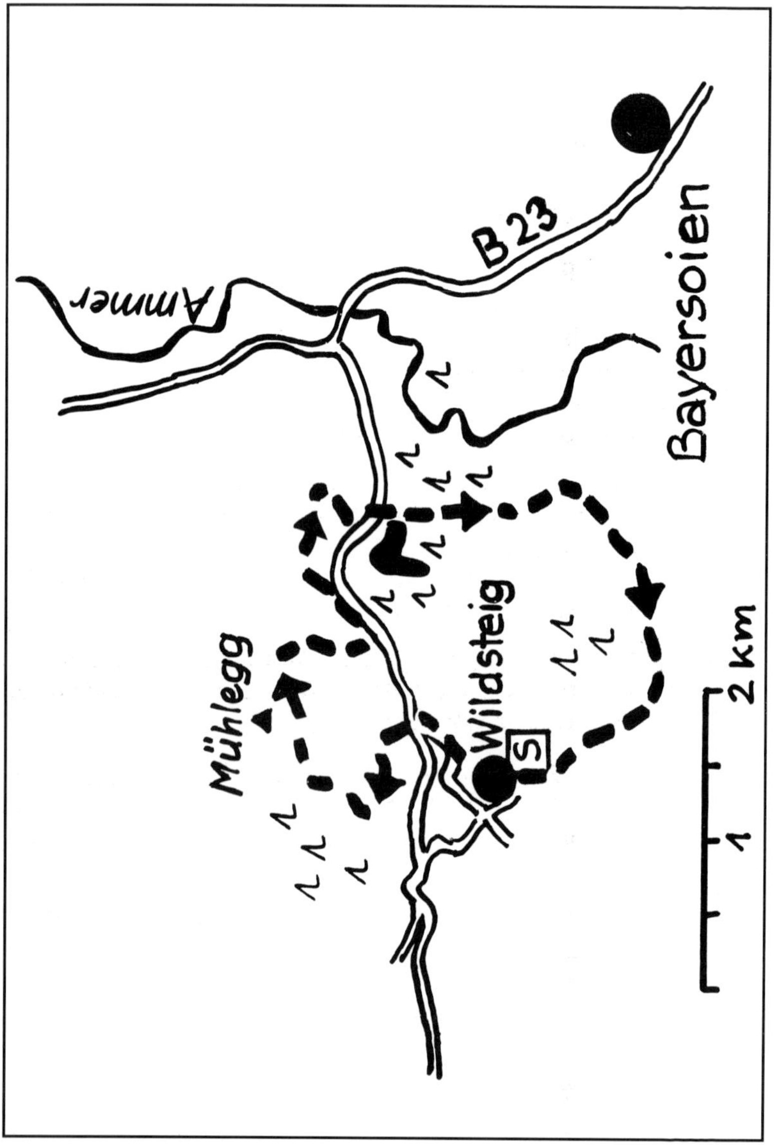

Wildsteig, an der Straße von der Echelsbacher Brücke nach Steingaden gelegen, ist der Ausgangspunkt dieser leichten Bergwanderung zum 925 m hohen Mühlegg. In Wildsteig fahren wir Richtung Ortsmitte zum Kirchberg hinauf und parken bei der Schule. Hier zeigt eine Wandertafel die markierten Routen um Wildsteig.

Unser Weg führt uns zuerst wieder zur Hauptstraße zurück. Wir überqueren diese, gehen zum Schloßberg-Cafe hinauf und auf der ausgebauten Straße weiter bergan. Am Ende der Fahrstraße – ab hier nur noch ein Feldweg – halten wir uns rechts und steigen zum höchsten Punkt, dem Mühlegg. Während unserer Rast können wir eine Fernsicht genießen, die vom Wendelstein im Osten bis zum Grünten im Westen reicht. Sollte jedoch zufällig einmal kein Föhn die Berge auf Reichweite heranholen, begnügen wir uns mit der Nahsicht auf Hörndl, Hohe Bleick und Teufelstättkopf, der fälschlicherweise oft als Pürschling angesprochen wird. Vor unseren Füßen liegt Wildsteig, halbrechts schaut der Turm der Wieskirche über den Wald. Direkt vor bzw. unter uns breitet sich ein schönes Hochmoor mit reichlichen Spirkenbeständen aus.

Weiter geht es in östlicher Richtung abwärts auf einem Wiesenweg. Am Fuße des Mühlegg treffen wir auf einen Wirtschaftsweg, dem wir nach links folgen. Wir bleiben immer auf dem besseren Weg und erreichen einen kleinen Wanderparkplatz an der Straße Wildsteig – Echelsbacher Brücke.

Jetzt bieten sich zwei Varianten an. Wer's gern kürzer hat, kann rechts auf dem parallel zur Straße verlaufenden König-Ludwig- und Prälatenweg zurück nach Wildsteig gehen.

Wildsteig: Die Landschaft um Wildsteig wurde in der letzten Eiszeit vom Ammergau-Zweiggletscher geformt. Moränen bildeten die heutigen Hügel, Eisblöcke schufen Toteislöcher, und Schmelzwasserströme formten Täler aus.

Wildsteig wird im 12. Jh. erstmals erwähnt, es zählte zum Besitz der Hofmark Rottenbuch. Im Jahre 1348 wurde auch Wildsteig von der Pest heimgesucht, die viele Opfer forderte. In dieser Zeit wurde wahrscheinlich eine Sebastianskapelle gebaut; der Name Peustelsau – Sebastiansau – erinnert noch heute daran.

Die zweite Variante vom Wanderparkplatz aus beinhaltet eine kleine Schleife zum Schwaigsee. Dazu halten wir uns nach links und

Wildsteig, mit Allgäuer Alpen (bei Föhn)

spazieren – ebenfalls auf dem König-Ludwig- und Prälatenweg – in Richtung Echelsbacher Brücke an der Straße entlang. Bald schwenkt unser Weg von der Straße weg, wir folgen ihm, bis wir einen Wegweiser erreichen. Den Prälatenweg verlassen wir nach rechts und halten uns immer in Richtung „Schwaigsee". Kurz vor dem Weiler Schönegg biegen wir nach rechts ab und wandern die Straße bergab, überqueren die Hauptstraße und stehen schließlich vor dem Schwaigsee, der uns – je nach Wetterlage und Jahreszeit – entweder zum Bade einlädt oder ausgelassen und leer seinen moorigen Boden zeigt.

Im Frühjahr und Sommer können wir auf der Wasserfläche Stock- und Reiherenten und die kleinen Bläßhühner (die aber mit Hühnervögeln nicht verwandt sind, sondern zu den Rallenarten gehören) beobachten. Bach- und Gebirgsstelzen beleben die Uferbereiche. Natürlich dürfen wir das den Schwaigsee umfassende Naturschutzgebiet Bichelbauernfilz nicht übersehen, auch hier entdecken wir von der Straße aus sehr schöne Spirkenbestände.

Vom Schwaigsee aus marschieren wir weiter nach Morgenbach, wo wir im Gasthaus Mühlegger einkehren können. Hinter der Ortschaft biegen wir rechts in Richtung Wildsteig ab und wandern an eiszeitlichen Hügeln entlang, bis wir in Wildsteig wieder zum Kirchberg ansteigen und den Parkplatz erreichen.

Gehzeit:	Etwa 4 Stunden
Besonderer Hinweis:	Wanderung mit leichten Steigungen
Anfahrt:	Peiting – Rottenbuch – Wildsteig; Weilheim – Peißenberg – Böbing – Rottenbuch – Wildsteig
Ausgangspunkt:	Wildsteig, Parkplatz auf dem Kirchberg
Einkehrmöglichkeiten:	Morgenbach, Gasthaus Mühlegger; Wildsteig, Gasthaus zur Post
Baden:	Schwaigsee

20

Über die Wieskirche zum Wildsee

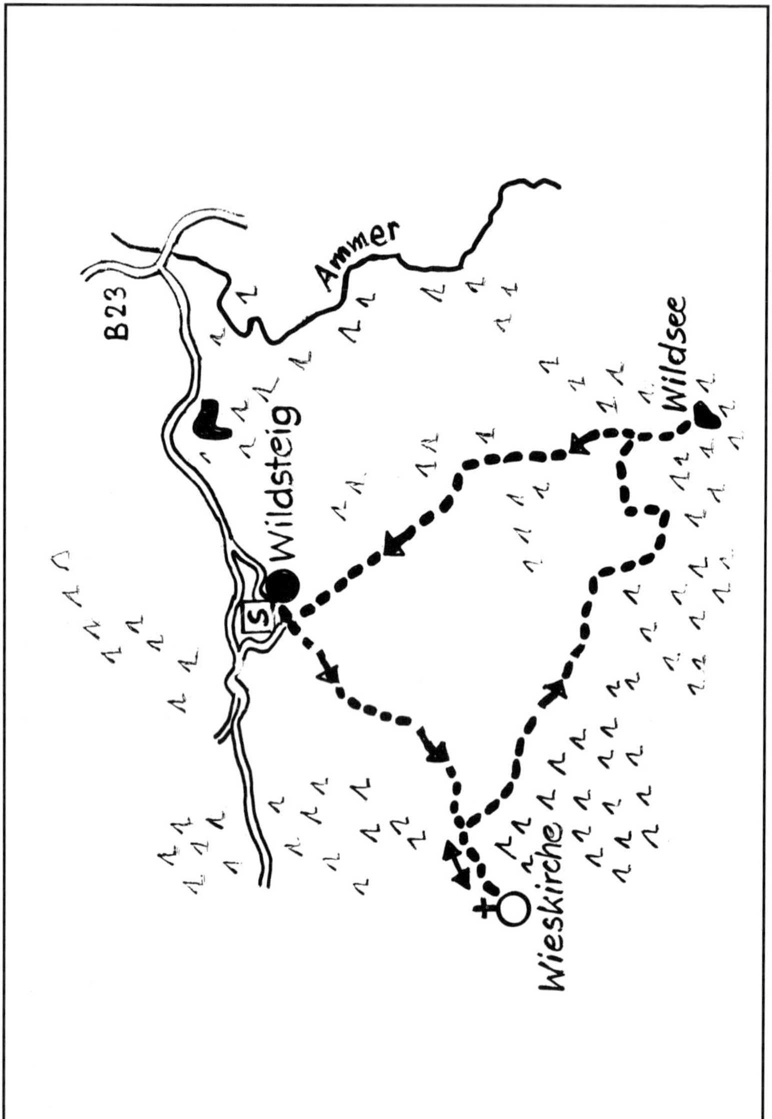

Auch bei dieser Tour parken wir in Wildsteig auf dem Kirchberg vor dem Schulgebäude. Wir wandern durch das Illachtal zur Wieskirche. Der Weg ist gut markiert, außerdem treffen wir wieder auf den Prälaten- und König-Ludwig-Weg.

Wir verlassen den Parkplatz in südwestlicher Richtung bergab, überqueren eine Fahrstraße und wandern über Holz durch das Illachtal nach Schwarzenbach. Das Illachtal wurde im 15. Jh. von den Rottenbucher Pröbsten zu einem See aufgestaut. Damit hat man den Fischbedarf des Klosters gedeckt. Ein Hochwasser im 19. Jh. zerstörte die Dämme, die nicht mehr repariert wurden. Reste dieser Dämme sind heute noch zu sehen.

Über Schwarzenbach erreichen wir die Wieskirche, der wir unsere Referenz erweisen, auch wenn zur Zeit (1988) Sanierungsmaßnahmen durchgeführt werden müssen.

Die Wies: Legenden ranken sich um den Beginn der Wallfahrt „Zum gegeißelten Heiland“. Nachdem die Figur zuerst in der kleinen Kapelle nördlich der heutigen Kirche verehrt wurde, erfolgte 1746 die Grundsteinlegung zur Kirche. Baumeister war der Wessobrunner Dominikus Zimmermann, der diesem seinem Hauptwerk die Treue hielt und das beim Eingang der Kirche stehende Haus bezog; dort wohnte er bis zu seinem Tod 1766. Mitverantwortlich für die Fülle der Formen und Farben zeichnet Johann Baptist Zimmermann, der Bruder des Baumeisters. Die beiden Brüder schufen mit der Wies die bedeutendste Rokokokirche Europas. In der Säkularisation kam auch die Wieskirche in Gefahr. Jedoch verhinderte der Einsatz der Bauern, daß sie verkauft und abgerissen wurde.

Von der Wieskirche aus wandern wir ein Stück zurück, bis uns ein Forstweg erlaubt, nach rechts in Richtung Schildschwaig und Hausen abzubiegen. Wir folgen der Markierung „W 7“ bis zum Gut Schildschwaig, das einmal das bedeutendste landwirtschaftliche Anwesen des Klosters Rottenbuch war. Kurz danach können wir über Straubenbach direkt nach Wildsteig zurückgehen. Dazu biegen wir links ab und orientieren uns an der Markierung „W 4“. An zwei prächtigen Toteiskesseln vorbei erreichen wir Wildsteig.

Wenn wir aber auf unserer Forststraße weitermaschieren, kommen wir nach knapp 3 km zum Weiler Hausen mit einer beliebten Ausflugsgaststätte. Wir wandern weiter in östlicher Richtung bis zur

Wieskirche bei Steingaden

nächsten Kreuzung. Hier können wir einen Abstecher zum Naturschutzgebiet Wildsee machen. Wir biegen rechts ab und erreichen bald den malerisch gelegenen Moorsee. Breitflächige Schwingrasen und Streuwiesen umgeben das Gewässer, und im weiteren Umland finden wir Bergkiefernbestände.

Nach diesem Abstecher gehen wir zu unserer Kreuzung zurück, überqueren diese nun geradeaus und wandern die Straße nach Perau und von hier weiter nach Wildsteig. In Wildsteig halten wir uns wieder rechts, hinauf zum Kirchberg und Parkplatz.

Toteiskessel bei Wildsteig

Gehzeit:	4–5 Stunden
Besonderer Hinweis:	Wanderung auf guten Wegen
Anfahrt:	Peiting – Rottenbuch – Wildsteig; Weilheim – Peißenberg – Böbing – Rottenbuch – Wildsteig
Ausgangspunkt:	Wildsteig, Parkplatz auf dem Kirchberg
Einkehrmöglichkeiten:	Hausen, zum Hauserwirt; Wildsteig, Gasthaus zur Post
Baden:	Schwaigsee

21

In die Ammerschlucht zu den Schleierfällen

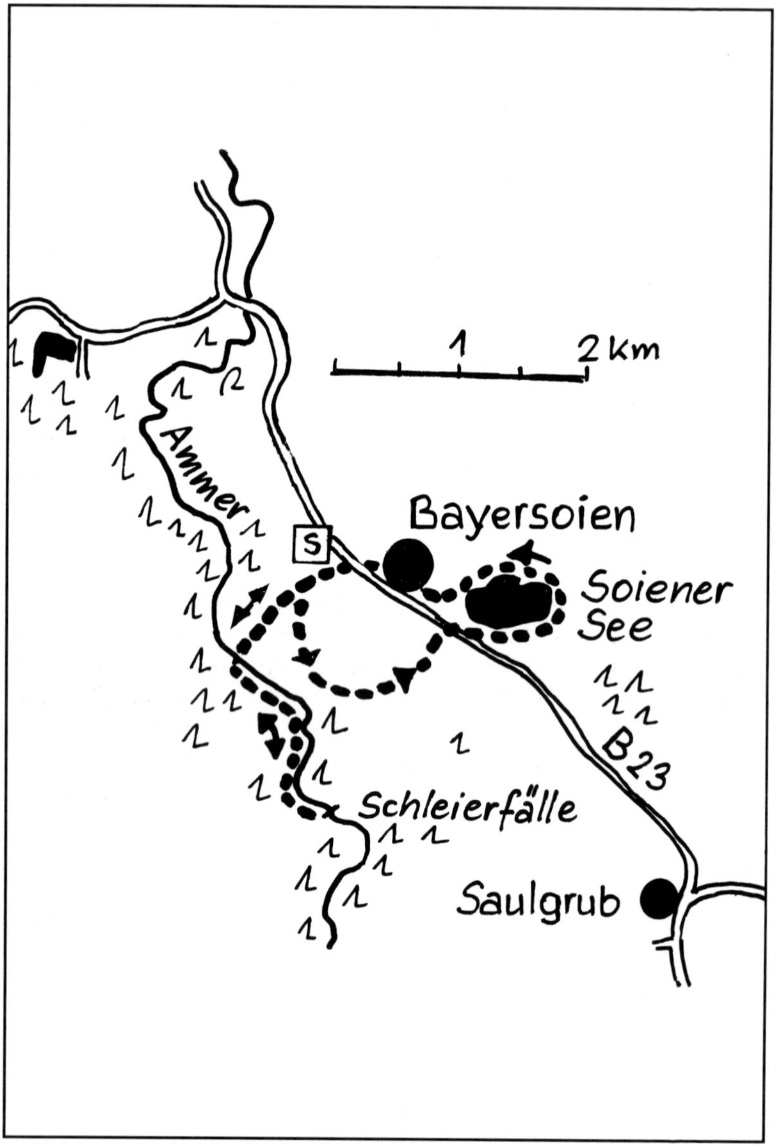

Ausdauer und Orientierungssinn sind bei dieser Tour gefragt. Der Abstieg in die Ammerschlucht ist, besonders im Herbst, wenn Laub auf dem Steig liegt, etwas beschwerlich. Dafür wandern wir in einem der letzten natürlichen Wildwassertäler des Landkreises Weilheim/Schongau. Unseren Ausgangsort Bayersoien erreichen wir über Peiting–Rottenbuch, Weilheim–Rottenbuch oder Murnau–Saulgrub. Von Rottenbuch kommend, biegen wir an der ersten Einfahrt nach Bayersoien ab, folgen dem Parkplatz-Schild nach rechts in die Ludwigstraße und parken auf dem Wanderparkplatz.

Die Soiener Mühle an der Ammer ist unser erstes Ziel. Wir gehen in südwestlicher Richtung auf dem mit „TK 4" markierten Weg, bis wir den Abstieg ins Ammertal erreichen. Steil bergab auf Stufenwegen und durch Wald gelangen wir ins Tal und zur Ammerbrücke. Auf der Brücke nehmen wir uns Zeit, umherzuschauen: Die im Wasser liegenden Felsbrocken – der große südlich der Brücke – sind Lebensraum und Brutplatz der Wasseramsel. Aber auch den in der Ammerschlucht brütenden Gänsesäger können wir beobachten, mit etwas Glück sogar mit einer Kette von Jungen im Schlepp. Dann fehlt allerdings das Gänsesäger-Männchen, denn bei den Entenvögeln zieht sich das Männchen vornehm zurück, sobald das Brutgeschäft in Arbeit ausartet.

An der alten Soiener Mühle vorbei steigen wir wieder ein Stück steil bergauf und biegen nach links auf einen Pfad, der Ammer-aufwärts zu den Schleierfällen führt. Der Weg zieht sich langsam bergab zum Talgrund. Weiter flußauf wandern wir auf schmalem Pfad und treffen bald auf den von Peustelsau herabführenden Weg. Nun geht es auf besserem Steig bis zu den Schleierfällen. Wir achten besonders auf die im Ammerbereich wachsenden und blühenden Pflanzen. Alte Bekannte aus den Bergen lachen uns an, neben dem Alpenleinkraut und der kleinen Glockenblume gehört auch die Akelei dazu. Aber nicht immer finden wir die Alpenblumen an den gleichen Standorten. Hochwasser reißt ganze Bestände weg, schafft dafür aber auch neue Samen und Pflanzen der alpinen Flora aus den Bergen herbei; jede Wanderung in der Ammerschlucht kann botanische Überraschungen bringen.

Inzwischen stehen wir vor den Schleierfällen und bestaunen dieses kleine Naturwunder. In breiter Front fällt das Grundwasser und

Bayersoien

das vom Wildsee abgegebene Überschußwasser über den Steilhang zur Ammer herab. Dabei entsteht Kalksinter. Diese Kalkabscheidung –Tuffstein – schiebt sich immer weiter vor. Ein bestens geeignetes „Material“ für die Bildung von Höhlen. Sie reizen insbesondere die Jugend zu „Forschungstouren“, die zwar ungefährlich, aber sehr naß verlaufen. Bei warmem Wetter setzen wir uns an die Ammer, lassen die Kajaks an uns vorüberziehen und trocknen nebenbei unsere feuchte Bekleidung.

Unser Rückweg folgt bis zur Soiener Mühle dem Herweg. Auch über die Brücke und den Aufstieg aus der Ammerschlucht heraus sind wir zu Beginn unserer Wanderung schon gegangen. Wenn wir aus dem Wald herauskommen, passieren wir den Grundbauern und halten uns rechts an die Markierung „K 5“, die uns zum südlichen Teil von Bayersoien zurückführt. Nach der Unterführung (B 23) sehen wir den Soiener See vor uns. Ein bequemer Fußweg ermöglicht uns zum Abschluß eine Seeumwanderung. Wir können aber auch eine Badepause einlegen. In beiden Fällen gehen wir auf der Dorfstraße durch Bayersoien zum Parkplatz zurück.

Gehzeit:	Etwa 5 Stunden
Besonderer Hinweis:	Wanderung mit Steigungen
Anfahrt:	Weilheim – Rottenbuch – Bayersoien; Peiting – Rottenbuch – Bayersoien; Murnau – Saulgrub – Bayersoien
Ausgangspunkt:	Bayersoien, Wanderparkplatz nach der nördlichen Einfahrt und nach der B 23-Überführung
Einkehrmöglichkeiten:	Bayersoien, Gasthof Metzgerwirt oder Gasthof Weißes Roß
Baden:	Bedingt in der Ammer (meist kalt!); Bayersoien, Soiener See

22

Zum Kirnberg

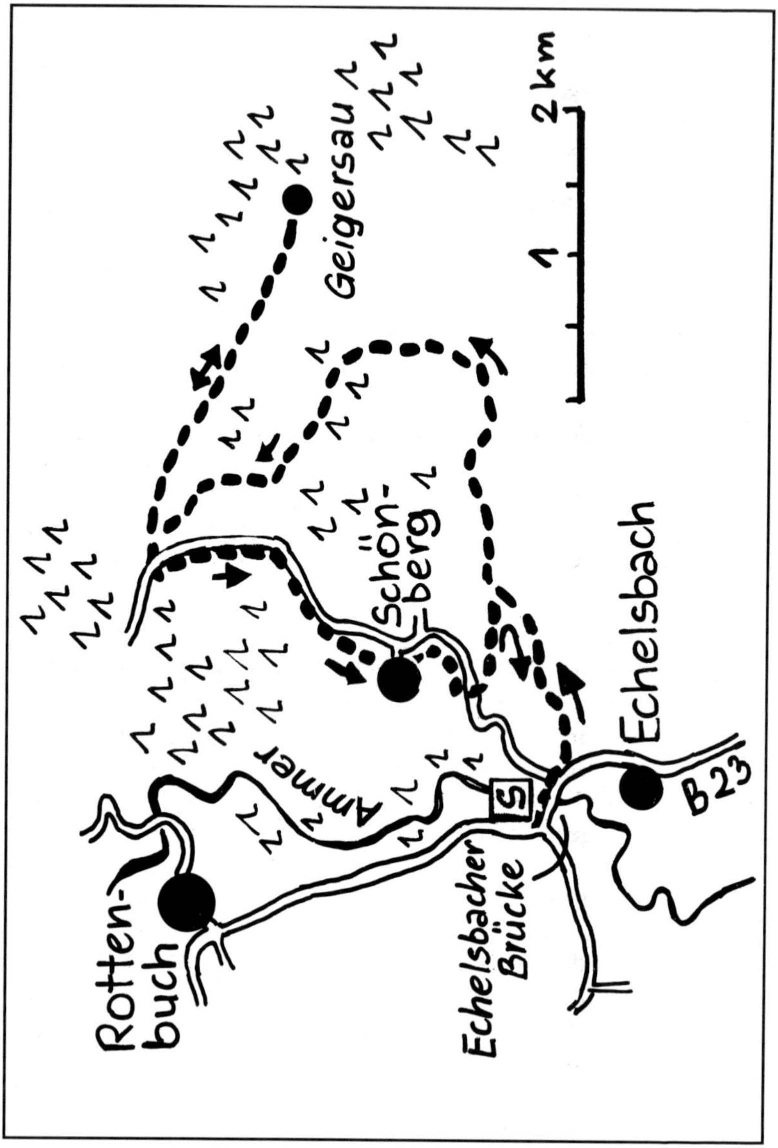

Am Parkplatz an der Echelsbacher Brücke beginnen wir unsere Wanderung zum Kirnberg. Wir erreichen die Brücke entweder von Peiting über Rottenbuch oder von Weilheim, Böbing und weiter über Rottenbuch nach Bayersoien fahrend. Zwischen diesen beiden Orten überquert die Straße die Ammerschlucht in einer Höhe von 76 m. Deutschlands höchste Stahlbetonbrücke – bereits 1929 gebaut – erleichtert die Weiterfahrt in die Ammergauer Berge. Früher mußten die Fuhrwerke die Steilhänge der Ammerschlucht überwinden, die alte Holz- und später die Steinbrücke spannten sich in normaler Höhe über den Fluß.

Über die Echelsbacher Brücke, von der aus wir einen Blick in die „schaurige Tiefe" werfen, wandern wir geradeaus weiter und steigen neben dem Café bergauf zum Lettigenbichel. Dann führt der Weg bergab, einen Abzweig nach rechts lassen wir unbeachtet und folgen dem Wegweiser „Achweg 3". Bei einem Stadel trifft ein von Schönberg kommender Feldweg auf unsere Route. Wir bleiben auf unserer Strecke und finden bald ein Feldkreuz mit Bank. Wieder weist uns ein Schild zum Achweg, dem wir nach rechts folgen. An einer Kiesgrube entlang gehend, erreichen wir die Verbindungsstraße Schönberg – Aussiedlerhöfe Sonnenbichl. Von jetzt ab leitet uns die Markierung „S 3" rund ums Breitfilz. Wir wandern auf der Fahrstraße nach rechts und verlassen kurz vor den Aussiedlerhöfen den Achweg links zum Panoramaweg.

Dieses Teilstück des Panoramaweges S 3 bringt uns, bei einer Abzweigung linkshaltend, leicht ansteigend zu einer kleinen Bank am Waldrand. Bei schöner Sicht und entsprechendem Wetter ist hier eine Rast angebracht. Unser Blick schweift über das Achtal zu den Ammergauer Bergen, von den Hörndln bis zur Hohen Bleick. Rechts vor uns liegen das Hirtmoos und das Breitfilz mit der typischen Pflanzengesellschaft der Moore und Feuchtwiesen.

Nach unserer Rast wandern wir weiter durch einen kleinen Mischwald, überschreiten tief eingegrabene Wasserläufe und -gräben, bis wir bei der nächsten Kreuzung auf den Prälatenweg stoßen. Der S-3-Panoramaweg geht geradeaus weiter, wir biegen aber nach rechts in den von Böbing herziehenden Prälatenweg ein und marschieren nach Vorderkirnberg, vorbei an einem Jagdhaus. Dieser Abstecher führt uns dann zu dem Aussichtspunkt „Dreiseenblick", der seinen Namen zu Recht trägt.

Echelsbacher Brücke über der Ammerschlucht

Gedenksäule mit Christopherus an der Echelsbacher Brücke

In Vorderkirnberg zweigen wir vom Prälatenweg nach rechts ab und orientieren uns an dem Wegweiser nach Geigersau. Beim letzten Hof sehen wir bereits links das Kreuz stehen, welches den höchsten Punkt kennzeichnet. Zwischen Scheune und Hofgebäude steigen wir die wenigen Schritte zum Aussichtspunkt Dreiseenblick hinauf. Besonders beeindruckend ist der Blick nach Norden über das Vorland bis zum Hohen Peißenberg und weiter zum Ammersee und Starnberger See. Unser „Gipfel" liegt immerhin 936 m hoch und bietet dadurch einen weiten Rundblick, den Staffelsee sehen wir im Osten durch den Wald schimmern.

Nach der Gipfelrast wandern wir nach Vorderkirnberg und zur Straße Böbing – Schönberg, der Dr.-Hilger-Straße, zurück. Mit der notwendigen Aufmerksamkeit gehen wir auf und neben dieser Fahrstraße südwärts in Richtung Schönberg. Bei der Wegmacherhütte biegen wir rechts ab und steigen bergauf nach Schönberg.

In der „Linde" sollten wir eine Rast einlegen, bevor wir das letzte Stück unserer Wanderung anpacken. Wir könnten nun einfach der Fahrstraße bis zur Echelsbacher Brücke folgen, aber besser ist es, dem Verkehr aus dem Weg zu gehen und einen weiteren „Umweg" zu wählen. In Schönberg laufen wir den Südhang abwärts, überqueren die Dr.-Hilger-Straße und wandern den leicht bergab führenden Feldweg bis zu dem Stadel, den wir bereits auf dem Hinweg passiert haben. Hier treffen wir auf den vom Lettigenbichl kommenden Weg, dem wir bergauf über den Hügel und durch die Anwesen folgen. Das letzte Wegstück bringt uns bergab zur Echelsbacher Brücke und zum Parkplatz.

Gehzeit:	Etwa 4 Stunden
Besonderer Hinweis:	Wanderung mit mäßigen Steigungen
Anfahrt:	Peiting – Rottenbuch – Echelsbacher Brücke; Weilheim – Böbing – Rottenbuch – Echelsbacher Brückc
Ausgangspunkt:	Echelsbacher Brücke, Parkplatz
Einkehrmöglichkeit:	Schönberg, Gasthaus zur Linde

23

Von Rottenbuch auf den Schmauzenberg

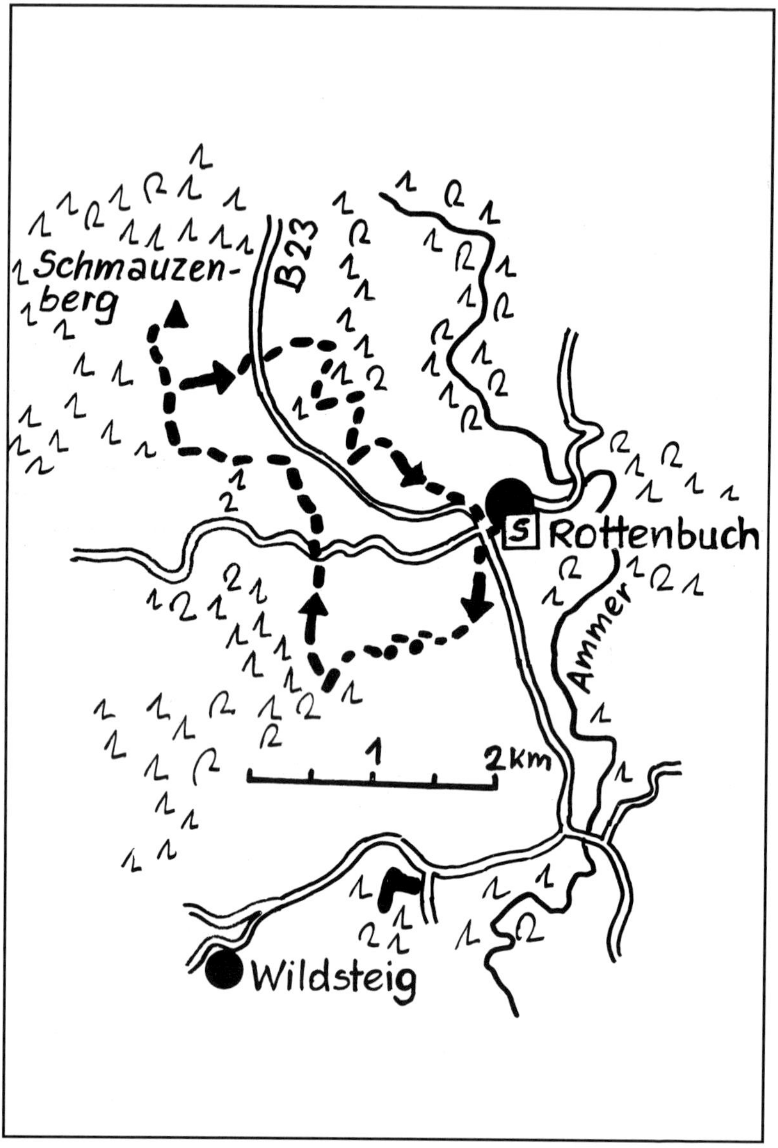

Wir beginnen die Tour am Parkplatz vor der Rottenbucher Pfarrkirche. Die Anfahrt erfolgt entweder mit dem Auto von Weilheim bzw. Peiting oder mit dem Bus von Weilheim, Oberammergau, Peiting oder Füssen. Bevor wir uns auf den Weg zum Schmauzenberg machen, statten wir der ehemaligen Augustinerchorherrenkirche einen Besuch ab.

Rottenbuch: Im Zentrum des Pfaffenwinkels gelegen, weist Rottenbuch eine mehr als 900jährige Vergangenheit auf. Bereits im Jahre 1073 wird das damals schon bestehende Kloster erwähnt. Die heutige Pfarrkirche Mariä Geburt war die Stiftskirche der Augustinerchorherren und wurde als kreuzförmige gotische Basilika mit freistehendem Turm erbaut. Sie erhielt nach Plänen Joseph Schmuzers aus Wessobrunn im 18. Jh. die prunkvolle Rokoko-Ausschmückung. Die bewunderungswerten Malereien schuf der am Hohen Peißenberg geborene Matthias Günther. Vom Weilheimer Bildhauer Franz-Xaver Schmädl stammen neben den Altären die Holzplastiken, besonders hervorzuheben sind die prächtigen Evangelisten an der Kanzel.

Wir verlassen den Klosterbereich durch den südlichen Torbogen, unterqueren die Hauptstraße (B 23) und folgen der Markierung Nr. „R 4" zum Schmauzenberg. Unser Weg, identisch mit dem Prälatenweg, führt zuerst südlich durch den Ortsteil Solder zum Ölberg. In Solder verlassen wir den Prälatenweg nach rechts kurz bevor wir die ersten Häuser am Ölberg erreichen, und zweigen, nach links ab; eine Bank verleitet uns hier zu einer kurzen Rast.

Zuerst weiter bergab zum Talbach wandernd, steigen wir anschließend auf schattigem Weg leicht bergan, immer der Markierung „R 4" folgend, bis zur Abzweigung „Filzbauernweg". Wir schwenken nun in nördlicher Richtung ab, überqueren die Straße nach Ilgen, passieren nach kurzem Wegstück den Pestfriedhof, auf den nur noch eine Mauerumfriedung hinweist, und erreichen den Weiler Voglherd. Hier halten wir uns links, verlassen die Straße nach kurzem Gehstück aber nach rechts und wandern auf einem Feld- und Wiesenweg weiter in Richtung Schmauzenberg, auf dessen waldlosen Südhang wir bereits blicken und von dessen Gipfel das Kreuz herübergrüßt. Nachdem wir die Bauernhöfe am Bergfuß erreicht haben, machen wir natürlich den Abstecher zum Gipfelkreuz, bei dem wir nach einem kurzen leichten Anstieg von etwa 1/4 Stunde ankommen.

Rottenbuch, ehemaliges Augustinerchorherrenstift

Blick vom Schmauzenberg auf Rottenbuch

Der sich bietende Rundblick steht in keiner Weise dem der bekannteren Aussichtsberge Hoher Peißenberg oder Auerberg nach. Beeindruckend der Tiefblick über Rottenbuch und die bewaldeten Hänge des tiefeingeschnittenen Ammertales, im Hintergrund die Alpenkette. Nach einer ausgiebigen Rast steigen wir bis zu den Bauernhöfen zurück, halten uns nach links und wandern die Fahrstraße in Richtung Osten, bis wir, links abbiegend und rechts an den Höfen vorbei, auf die Peitinger Straße treffen. Wir überqueren diese, unser Weg führt über den „Krummengraben“ zum Ortsteil Moos. Hier bietet sich wieder eine Einkehrmöglichkeit in der Moosbeck-Alm. Die Gemeindestraße bringt uns endgültig nach Rottenbuch zurück. Wir müssen nochmals die B 23 mit der gebührenden Vorsicht überqueren, folgen der Raiffeisenstraße bis zur Unterführung und weiter zur Ortsmitte.

Gehzeit:	Etwa 3 Stunden
Besonderer Hinweis:	Leichte Wanderung auf guten Wegen, nur geringe Steigungen
Anfahrt:	Weilheim – Böbing – Rottenbuch; Schongau – Peiting – Rottenbuch
Ausgangspunkt:	Rottenbuch, Parkplatz Klosterhof
Einkehrmöglichkeiten:	Moosbeck-Alm; Rottenbuch, Cafe am Tor oder Gasthaus zum Koch

24

Rund um den Staffelsee

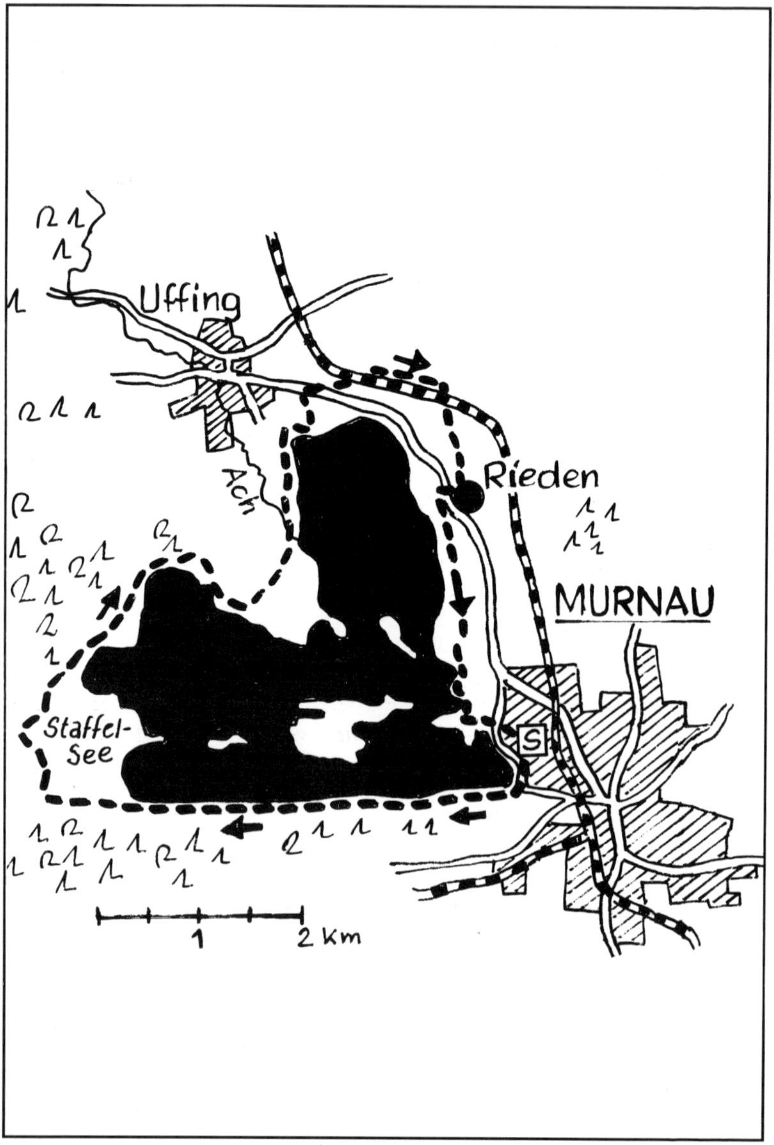

Diese Wanderung erfordert zwar weder allzugroßen Orientierungssinn noch Wandererfahrung. Der Weg ist durch den See vorgegeben, bei einer Gehstrecke von etwa 20 km muß aber eine gewisse Ausdauer vorausgesetzt werden. Einige Teilstrecken können dazu noch sehr feucht sein, gutes und festes Schuhwerk ist notwendig.

Unseren Ausgangspunkt Murnau erreichen wir entweder mit dem Zug oder mit dem Auto über die B 2, die Olympiastraße. Wir starten am Parkplatz in der Nähe des Schwimmbades. Diesen erreichen wir, wenn wir in Murnau in Richtung Oberammergau fahren, nach der Bahnunterführung nach rechts abbiegen und uns zum See orientieren.

Murnau: Funde aus der Bronze- und Eisenzeit bestätigen, daß das Staffelseegebiet schon immer altes Siedlungsland war. Der Name leitet sich von „mooriger Aue" ab. Der im Wappen geführte Lindwurm hauste einst, so erzählt die Sage, leibhaftig im Staffelsee. Er drangsalierte die ganze Gegend, ehe er ein Opfer menschlicher List und Schläue wurde.

Die Murnauer St.-Nikolaus-Kirche wird erstmals im 12. Jh. genannt, als „Ableger" der alten Inselkirche auf Wörth im Staffelsee. Der heutige Bau von 1734 stammt vom Kaspar Bauhofer. Im Innern finden wir ein Altarbild von Johann Baptist Bader, eine Anna selbdritt von Franz Xaver Schmädl sowie eine Kanzel und Beichtstühle mit schönen Rokokoschnitzereien. Da alle Unterlagen über den Kirchenbau bei den im 18. und 19. Jh. wütenden Bränden vernichtet wurden, ist der Planersteller dieser Kirche nicht mehr feststellbar.

Aber auch in der Neuzeit kann Murnau bekannte Künstler aufweisen. Wassily Kandinsky und Gabriele Münter setzten mit ihrem Kunstkreis Akzente. Gabriele Münters „Russenhaus" ist als Museum für Besucher an den Wochenenden zugänglich (Besuchszeiten über das Verkehrsamt erfragen).

Im Uhrzeigersinn wandern wir um den Staffelsee. Wir halten uns am See nach links und gehen den breiten Seeweg am Südufer entlang. Gleichzeitig bleiben wir damit auf der Nordseite des Murnauer Riegels, deshalb ist dieses Wegstück schattig und kann am frühen Morgen auch ganz schön frisch sein. Bei warmem Wetter bevölkern Surfer, Segelboote und Ruderer den See, trotzdem können wir auf der Wasserfläche und in den wenigen Schilfbereichen des Südufers neben Haubentauchern, Bläßhühnern und Lachmöwen auch verschiedene Entenarten beobachten. Unser Weg führt immer am Ufer entlang. Im See sehen wir die Insel Wörth sowie mehrere kleinere Inseln liegen. Der Staffelsee besitzt sieben Inseln, die ganz kleinen nicht mitgerechnet.

Insel Wörth: Reste römischer Villen zeugen von der frühen Besiedelung dieser Insel. Später entstand auf Wörth ein Staffelsee-Bistum, ein

Staffelsee bei Murnau

Herrenkloster, in dem der hl. Bischof Ulrich von Augsburg oft und gerne weilte. Bekannt und viel besucht ist die Seeprozession an Fronleichnam, die mit Schiff und Booten zur Insel führt.

Inzwischen sind wir am westlichen See-Ende angelangt. Unser Weg zieht nun etwas vom Wasser weg. Wir durchqueren das Obernacher Moos und bewundern die ausgeprägte Flora der Feuchtgebiete. Schmetterlinge beleben die blühenden Feuchtwiesen, mehrere Libellenarten kann man auf ihren Jagdflügen beobachten, selbst die sehr seltene Zebraspinne – eine Kreuzspinnenart – kommt hier vor.

Unser Weg ist zwischenzeitlich schon nach Norden geschwenkt, wir überschreiten die Ach und erreichen wieder das Seeufer. Nun wandern wir immer mehr oder weniger dicht am See entlang und lassen uns von nach links abzweigenden besseren Wegen nicht verunsichern. Tannenbach und Tannenbachfilz passieren wir, überqueren den Rothenbach und umwandern den Steigenberg. Beim Aichele Bauer treffen wir wieder einen festen Weg an, der uns zum Campingplatz, über die den See verlassende Ach und schließlich zum Uffinger Staffelseebad führt. Hier verlassen wir die Straße, gehen den Birkenweg zum Hotel Alpenblick in Uffing, weiter zur Hauptstraße, über diese zur Bahnlinie und folgen dabei immer der Markierung „1“, die um den ganzen See führt. Nach der Unterführung halten wir uns nach rechts und laufen parallel zur Bahn. Bei der nächsten Kreuzung schwenken wir wieder in Richtung See und erreichen den Ortsteil Rieden. Wir wechseln auf die Seeseite der Straße und wandern durch Wiesengelände immer mit Blick auf den See nach Seehausen. Ständig in Seenähe bleibend, vorbei am Campingplatz Burg und dem Murnauer Badestrand, erreichen wir den Parkplatz.

Gehzeit:	5 Stunden
Besonderer Hinweis:	Leichte, aber lange Wanderung
Anfahrt:	Murnau, über die Olympia-Straße (B 2)
Ausgangspunkt:	Murnau, Parkplatz beim Bad
Einkehrmöglichkeiten:	Verschiedene Gasthäuser in Uffing, Seehausen und Murnau
Baden:	Bis auf geschützte Uferbereiche rund um den Staffelsee

25

Um den Schwanenfilz

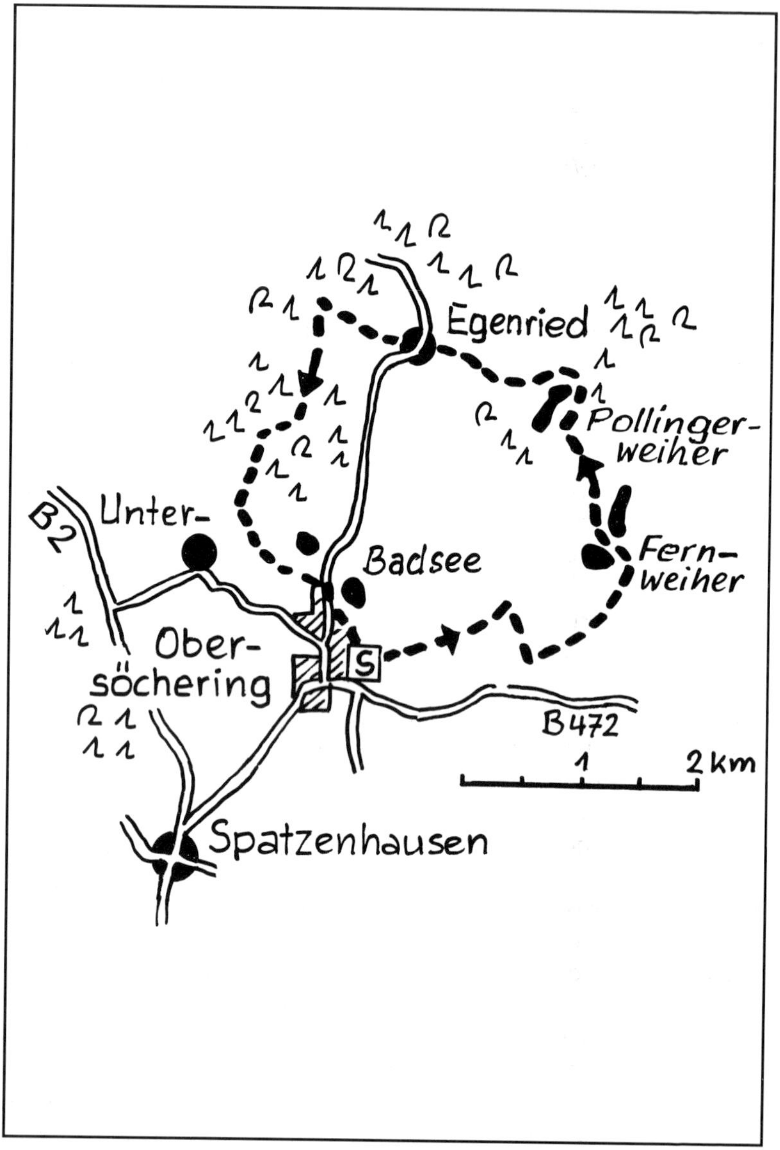

Nach Obersöchering kommen wir von Weilheim oder Murnau aus über die Olympiastraße (B 2). Wir biegen vor bzw. nach Spatzenhausen auf die nach Bad Tölz führende Straße und sind nach wenigen km in Obersöchering. Das Schild „Sportgelände“ weist uns zu unserem Ausgangspunkt, dem dortigen Parkplatz.

Obersöchering: Grabhügel aus der Bronzezeit beweisen die frühe Besiedelung dieses Gebietes. Den Ort selbst finden wir im Jahr 750 erstmals urkundlich erwähnt. Die Frauenkirche hat ihren Ursprung im 8. Jh. Der romanische Satteltum ist der älteste Teil der Kirche.

Wir wandern auf der gepflasterten Flurbereinigungsstraße nach Osten ins Moos und gehen dabei bereits am Schwanenfilz (in alten Karten auch Schwannenfilz) entlang. Das links liegende Filz ist für uns Anlaß zu Beobachtungspausen. Neben einer ausgeprägten und reichhaltigen Flora finden wir auch Vogelarten der „Roten Liste“, speziell unsere Wiesenbrüter wie Brachvogel, Kiebitz, Feldlerche und Braunkehlchen.

Weiterwandernd erreichen wir eine Kreuzung, wenden uns hier nach rechts, überqueren nochmals eine Wegekreuzung und biegen, sobald wir auf die Fahrstraße zum Hachtsee treffen, auf dieser links ab. Unser Weg führt in Richtung Hachtsee, dabei passieren wir linkerhand den Fernweiher, kurz danach taucht rechts hinter einem Waldstreifen der Hachtsee auf.

Bis kurz vor dem Gestüt Hachtsee bleiben wir auf dieser Straße, dann halten wir uns links und erreichen den Pollinger Weiher, auf den uns ein altes Schild „Baden und Zelten verboten“ hinweist. Etwa in Höhe dieser Hinweistafel biegen wir nach rechts ab. Zwischen den Bäumen sehen wir bereits die Wasserfläche blinken, und nach einer Linkskurve stehen wir direkt am Weiher. Er wird von Sportanglern betreut und ist deshalb im Sommer gut besucht. Auch auf diesem Weiher sehen wir einige Wasservogelarten, besonders in der für Flora und Fauna bestimmten Ruhezone am hinteren Ende. Die Straße führt am Weiher entlang – nicht nach rechts abbiegen! –, bis wir schließlich den Ortsteil Egenried erreichen. In Egenried überqueren wir die Straße Eberfing – Obersöchering und wandern weiter in westlicher Richtung. Unser Weg knickt später nach Süden ab, zieht sich am Angerbach entlang und schwenkt dann am Wald

Egenried

aufwärts. Vor uns liegt das Westenrieder Filz. Besonders im Frühjahr und Frühsommer ist hier der weiße Wollgrasteppich beeindruckend, der fast das ganze Moos überzieht.

An der Wegekreuzung am Wald wählen wir den linken, nach Untersöchering durch den Wald führenden Weg. Wenn wir den Wald durchwandert haben, lockt eine Bank mit einem Kreuz dahinter zur Rast. In Ruhe genießen wir den Ausblick auf die Berge und das leicht hügelige Vorland, bevor wir in Richtung Untersöchering weitermarschieren. Da wir nicht bis in diesen Ort gehen wollen, achten wir auf zwei Birken mit einer Bank; hier können wir auf einem Feldweg direkt nach Obersöchering wandern. In diesem Bereich hat man einen der bronzezeitlichen Grabhügel gefunden.

In Obersöchering spazieren wir den Blumenweg nach links, dann folgen wir wieder den Schildern zum Sportgelände und zum Parkplatz. Bei warmem Wetter haben wir uns eine Badepause verdient. Das Schild „Badesee“ weist uns den Weg zur Abkühlung.

Kiebitz

Gehzeit:	4 Stunden
Besonderer Hinweis:	Wanderung zwischen Moos und Weiher
Anfahrt:	Obersöchering über Olympiastraße B 2 und Straße 472; Penzberg – Sindelsdorf – Obersöchering
Ausgangspunkt:	Obersöchering, Parkplatz am Sportplatz
Einkehrmöglichkeit:	Obersöchering, Gasthaus zur Post
Baden:	Badesee, Obersöchering

26

Über Aidling zum Mühlenweg

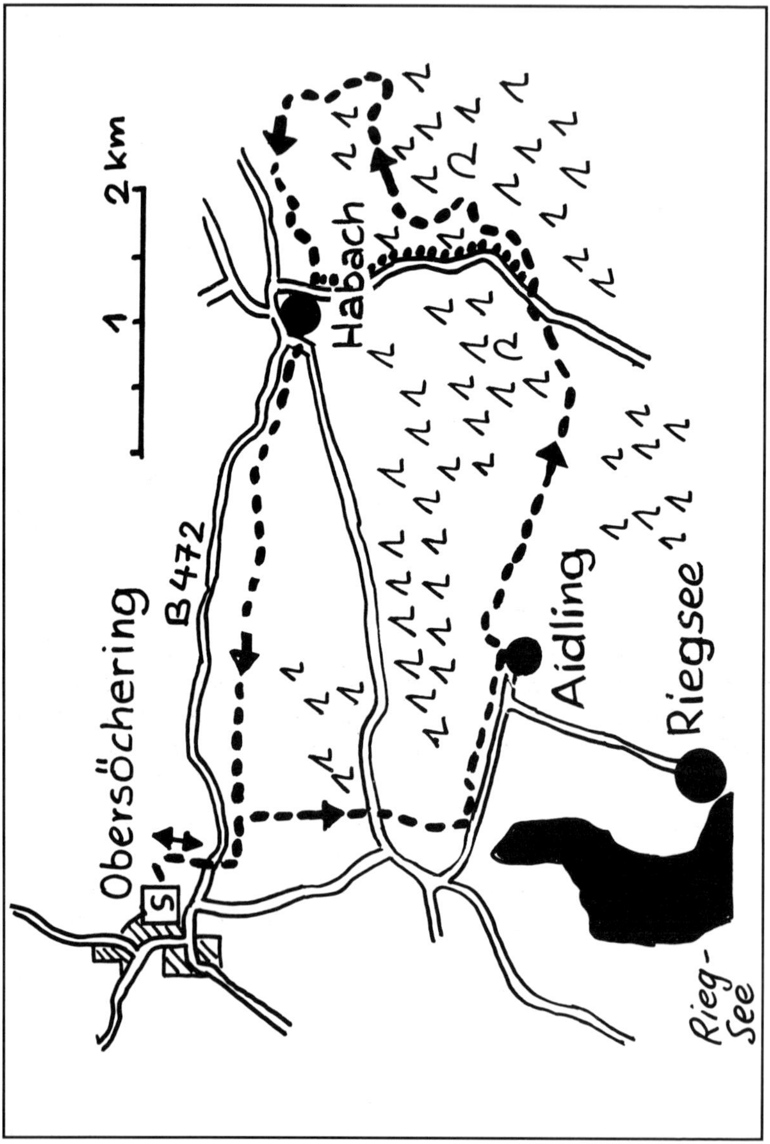

Auch bei dieser etwas weiterenTour beginnen wir wieder am Parkplatz des Obersöcheringer Sportgeländes. Nach wenigen m in Richtung Moos biegen wir gleich bei der ersten Kreuzung rechts ab. Kurz danach überqueren wir die Hauptstraße und lassen uns dabei weder von der aus dem Estergebirge herunterschauenden Hohen Kiste noch von dem den Hintergrund abschließenden Wettersteinmassiv in unserer Vorsicht im Straßenverkehr beirren. Kurz nach der Hauptstraße biegen wir bei einem Bauernhof nach links und bei der nächsten Kreuzung wieder rechts ab in unsere alte Richtung.

An Abertshausen und dem gleichnamigen Weiher wandern wir entlang und treffen auf die Straße Hofheim – Habach. Genau der Einmündung unseres Weges gegenüber verläuft ein Feldweg; ihn können wir weitergehen, sofern derWeidezaun offen und damit kein Vieh auf den Wiesen ist. Bei geschlossenem Zaun laufen wir etwa 100 m auf der Fahrtstraße nach rechts, schwenken dann zu dem linker Hand liegendenWeiher Leibersberg ein und treffen hier mit dem Wiesenweg zusammen. Bergab in südlicher Richtung marschieren wir mit schönem Blick auf den Riegsee, bis wir die nächste Hauptstraße erreichen. Links oben auf dem Hügel sehen wir eine kleine Kapelle stehen, zu der wir auf steilem Pfad hinaufsteigen. Ein prächtiger Tiefblick zum Riegsee mit der fast unberührten Schilfzone des Norduferbereichs und ins bergumrahmte Loisachtal ist der Lohn dieser kleinen Aufstiegsmühe.

Von der Kapelle wandern wir auf Pfadspuren und möglichst ohne Flurschaden anzurichten zum naheliegenden Mesnerhaus. Durch dessen Hof gehend, erreichen wir den bergab nach Aidling ziehenden Weg. Dort bleiben wir auf der Dorfstraße bis zur St.-Georgs-Kirche aus dem Jahre 1749, der wir einen Besuch abstatten.

Anschließend marschieren wir weiter, bis kurz vor dem Ortsende die Straße nach Habach und zur Höhlmühle abzweigt. Auf ihr wandern wir – die Straße ist zwar nicht sehr stark befahren, erfordert jedoch verkehrsrichtiges Gehen – bis zum Gasthaus Höhlmühle. Wir befinden uns auf dieser Strecke immer am Fuße des die Aidlinger Höhe markierenden Hügels mit Baumgruppen im Wiesenbereich und Waldbeständen.

Im Gasthaus Höhlmühle können wir einkehren oder dies bis zur Obermühle verschieben. Wir wandern jetzt nicht die kürzere Fahrstraße nach Habach, sondern folgen der Markierung „H 3“, die nach rechts, hinter der Höhlmühle, abgeht und uns über einen sehr schönen Wald- und Forstweg zur Thomamühle bringt. Dabei müssen wir, wenn wir aus dem Wald herauskommen und Dürnhausen vor uns liegen sehen, rechtzeitig vor der neuen Umgehungsstraße nach links abbiegen. Der Abzweig ist zwar mit „H 3“ beschildert, aber gelegentlich liegt das Schild im Gras und nützt uns wenig.

Von der Thomamühle gehen wir zur Jaudenmühle, biegen kurz davor zum Bach ab und erreichen an diesem entlang die Obermühle. Im Gasthaus Obermühle (im Januar 1988 neu eröffnet) können wir uns nochmals für den Rest der Wanderung stärken. Die Obermühle wird schon im Jahre 1060 erstmals urkundlich erwähnt.

Vom Gasthaus wandern wir die Straße Richtung Habach weiter. Noch vor der Umgehungsstraße zieht hinter einem Schuppen ein Pflasterweg links hangaufwärts. Wir folgen diesem Weg, kommen an

Blick von Aidling zum Riegsee

einem Feldkreuz vorbei und passieren mit Abstand den Hof Hinterfeld. Von nun an geht's bergab, zumindest führt unser Weg abwärts zur Unterführung der neuen Straße. Nach der Unterführung erreichen wir schnell den Ort Habach.

Habach: Die Überlieferung verbindet die Geschichte Habachs mit dem im 4. Jh. lebenden St. Romedius. Geschichtlich nachweisbar ist die Niederlassung zu Lebzeiten des hl. Ulrich im 10. Jh. Bereits 1085 wurde ein Chorherrenstift gegründet, das bis zur Säkularisation im Jahre 1803 bestand. Die Chorherren wohnten in umliegenden Höfen und betrieben eigene Landwirtschaft. Viele der auch heute noch stattlichen Höfe und Mühlen stammen aus dieser Zeit.

Die Pfarrkirche St. Ulrich – ein Wandpfeilerbau – wurde 1668 errichtet. Der Innenraum ist reich stuckiert, ebenfalls sehenswert ist der Hochaltar mit den Figuren von Kaiser Heinrich und Sigismund, geschaffen vom Weilheimer Künstler Ambros Degler.

Wir halten uns im Ort nach links, verlassen Habach in westlicher Richtung und wandern an einem kleinen Fischweiher vorbei. Bald stehen wir wieder an der Umgehungsstraße, überqueren sie und folgen dem streng westlich ziehenden Weg bis kurz vor den Weiler Habaching, den wir linker Hand liegen lassen. Der Weiterweg führt über die Verbindungsstraße in westlicher Richtung, vorbei an alten Bäumen und zwei kleinen Weihern, hier können wir oft Graureiher beobachten. Nördlich von Abertshausen treffen wir schließlich wieder auf unseren von Obersöchering kommenden Weg. Ihn zurückgehend, erreichen wir den Parkplatz am Sportplatzgelände. Wem noch Zeit bleibt, der kann einen Abstecher zum Badesee machen.

Gehzeit:	Etwa 6 Stunden
Besonderer Hinweis:	Für ausdauernde Wanderer
Anfahrt:	Weilheim – B 2 Richtung Murnau – Abzweigung Obersöchering; Penzberg – Sindelsdorf – Obersöchering
Ausgangspunkt:	Obersöchering, Parkplatz am Sportgelände
Einkehrmöglichkeiten:	Gasthaus Höhlmühle; Gasthaus Obermühle
Baden:	Badesee Obersöchering

27

Zum großen Ostersee

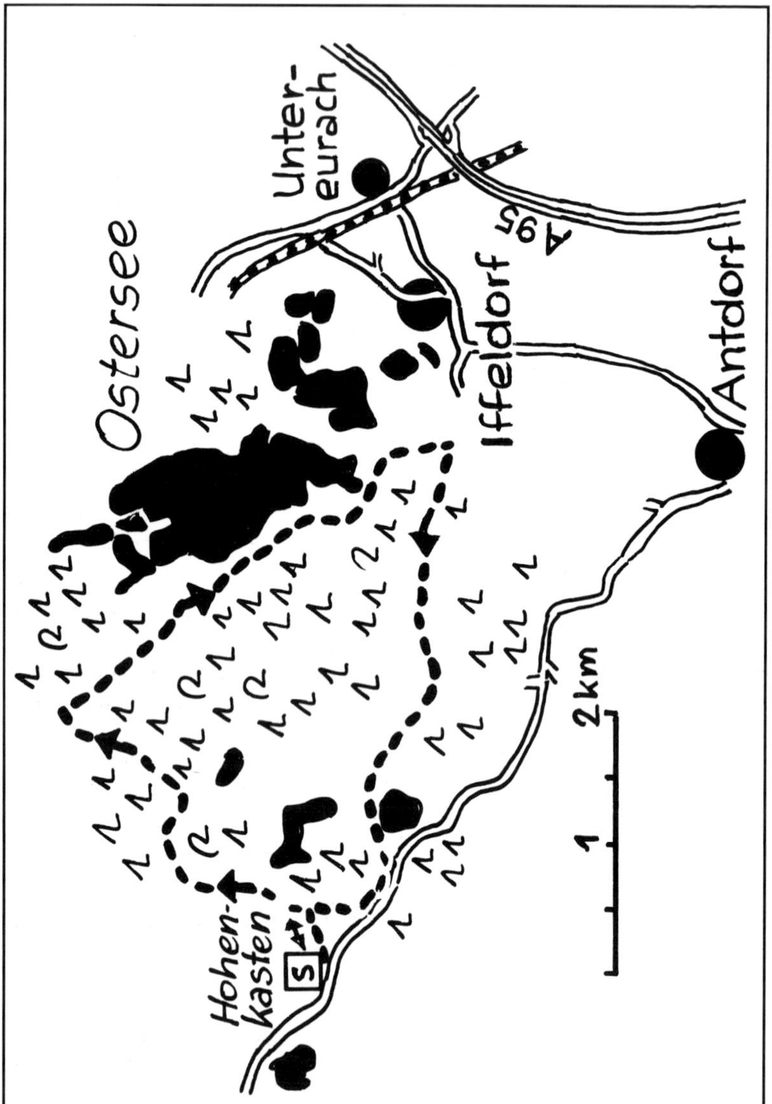

Das Landgasthaus Hohenkasten, an der Straße Marnbach – Antdorf gelegen, ist unser Startpunkt zum großen Marsch an den großen Ostersee. Wir wandern – zumindest bis zum Osterseengebiet – in einem recht selten begangenen Waldgebiet. Im Winter ist das Gasthaus ein beliebter Wendepunkt der Langlaufloipen von Eberfing und Obersöchering. Hohenkasten erreichen wir mit dem Auto über Weilheim, dann fahren wir in Richtung Seeshaupt und biegen in Marnbach nach Antdorf ab.

Nachdem wir unser Fahrzeug im Bereich von Hohenkasten geparkt haben, gehen wir in Richtung Antdorf auf der Fahrstraße. Bereits nach wenigen m führt ein Feldweg nach links durch die Wiesen. Das Schild „Flurbereinigung" kennzeichnet den Beginn unseres Wanderweges. Am Waldrand stoßen wir auf einen Waldweg, dem wir kurz nach rechts folgen und einen breiten Forstweg erreichen. Wir halten uns links und spazieren gemütlich durch den hochstämmigen Forst bis zum Tradfranz, einem einsam gelegenen Hof mit kleinem Teich vor dem Anwesen.

Geradeaus gehen wir auf unserem Weg weiter und lassen den Tradfranz links liegen. Die Strecke steigt leicht an, und in einer leichten Rechtskurve zweigt ein Steig nach links ab. Diesem folgen wir aufwärts und sehen plötzlich mitten im Wald die Pollingsrieder Kapelle stehen. Früher gab es auch Bauernhöfe hier, heute finden wir nur noch ihre alten Tiefbrunnen. Die einstmals schöne Kapelle ist in einem äußerst armseligen Zustand, obwohl sie nach dem letzten Krieg renoviert wurde. Menschliche Mißachtung alter Kulturgüter sieht hier in Holzbänken und -verkleidung bedauerlicherweise nur Material fürs Lagerfeuer.

Wir gehen wieder zu unserem Forstweg zurück und wandern ihn entlang, bis wir auf den von Seeshaupt kommenden Prälatenweg treffen. Bis zu den Osterseen bleiben wir auf diesem Weg, dem wir nach rechts folgen. Einen Abzweig mit starkem Gefälle gehen wir links herunter; hier befindet sich das private Sanatorium Lauterbacher Mühle.

Wir passieren den Tennisplatz und schwenken nach rechts zu einer Wandertafel. Nach kurzem Studium der Tafel – die Markierung „7" und der Prälatenweg gelten vorerst für uns – ziehen wir weiter, zuerst zwischen Weideland bis zum Wald, dann am See entlang und schließlich – etwas vom See weg – über eine kleine Anhöhe. Bald er-

Iffeldorf

reichen wir wieder eine Wandertafel und entdecken auf ihr einen nicht weit entfernten Badeplatz. Je nach Wetterlage machen wir den Abstecher nach links und erfrischen uns im kühlen Wasser.

Von der Wandertafel führt unser Weg weiter auf der geteerten Straße. Wir verlassen den Prälatenweg nach rechts und entfernen uns dabei von den Seen. Bevor wir den Steinbach überqueren würden, biegen wir nach rechts ab. Die Markierung „8“ bringt uns durch Wiesen und Wald, vorbei an einem Toteiskessel und einem kleinen Weiher, zur Fahrstraße nach Gröben. Dort treffen wir auf die Markierung „9“, der wir an Neuried vorbei folgen. Wir bleiben auf der Fahrstraße, die kaum frequentiert ist, bis wir die Straße Hohenkasten – Antdorf erreichen. Dabei passieren wir den links unten liegenden Schillersberger Weiher. Mit etwas Glück und viel Geduld können wir Graureiher auf der Jagd beobachten. Aber auch Reiherenten, Stockenten und Zwergtaucher leben auf dem Gewässer.

Auf der Straße angekommen, bleiben wir rechts und gehen bis an den Waldrand am Rande der Fahrbahn oder weglos im Wald. Wir sehen schon das Gasthaus Hohenkasten auf dem Hang gegenüber liegen. Da wir aber die vielbefahrene Fahrstraße meiden wollen, biegen wir auf den nach rechts ziehenden Forstweg ein, der uns über den schon bekannten Wiesenweg zum Gasthaus leitet. Nach diesem letzten Wegstück haben wir uns die bekannt gute Brotzeit des Gasthauses verdient.

Gehzeit:	Etwa 4 Stunden
Besonderer Hinweis:	Nicht überlaufene Wanderung
Anfahrt:	Weilheim – Marnbach – Stadel – Hohenkasten; Penzberg – Iffeldorf – Antdorf – Hohenkasten
Ausgangspunkt:	Gasthaus Hohenkasten
Einkehrmöglichkeit:	Gasthaus Hohenkasten
Baden:	Badeplatz am Ostersee

28

Auf den Spuren der Eiszeit

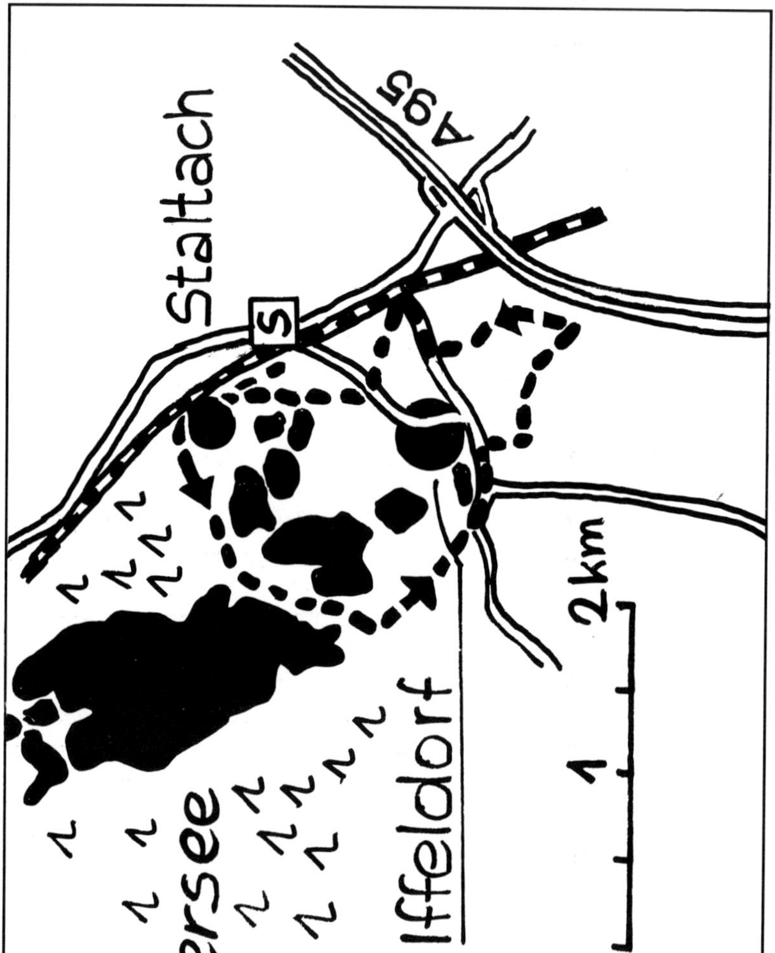

Einen Blick in die Werkstatt der Natur werfen wir bei unserer Wanderung quer durch das Osterseengebiet. Vielfältig und deutlich sind die Spuren der Eiszeit erhalten geblieben. Am Parkplatz beim Staltacher Bahnhof lassen wir unser Fahrzeug stehen. Diesen Wanderparkplatz finden wir, wenn wir von Seeshaupt nach Penzberg fahrend vor Staltach den Abzweig Richtung Iffeldorf nehmen und gleich hinter der Bahnunterführung nach rechts abbiegen.

Vom Parkplatz gehen wir nach Norden parallel zur Bahnlinie. Beim Gut Staltach treffen wir auf die Markierung „5", der wir durch das Anwesen folgen. Hinter dem Gut biegt der Weg bei einer Gabelung nach Westen und führt vom Bahndamm weg. Wir wandern geradewegs durch den Wald, am Staltacher See vorbei auf den Höhenrücken zwischen Ostersee und Fohn- bzw. Staltacher See. Dieser langgezogene Schotterrücken ist ebenfalls ein Relikt aus der Eiszeit, ein sogenannter Oser. Neben dem Oser sehen wir trockene Toteislöcher, während die Seen selbst mit Wasser gefüllte Toteislöcher sind.

Das Osterseengebiet: Die Landschaft der Osterseen wurde vor 100 000 Jahren durch den Würmgletscher modelliert. Diese Gletscherzunge, die das Becken des Starnberger Sees schuf, zerfiel in mächtige Eisblöcke, die mit Schotter überdeckt als Toteis zum Teil über Jahrhunderte hinweg dem Schmelzprozeß widerstanden. Nach dem Abschmelzen rutschte der Schotter in die entstehenden Löcher nach, und es bildeten sich Kessel, die sich mit Grundwasser füllten. Auch heute noch werden die Osterseen überwiegend durch Grundwassereinsickerung und Grundwasser-Quelltrichter gespeist. Nach dem Rückzug des Gletschers bildeten sich im Moränengebiet Wannen und Furchen, die sich ebenfalls mit Wasser füllten. An diesen flachen Stellen setzte die Vermoorung ein, die wertvollen Moore des Osterseengebietes waren entstanden.

Wir wandern weiter auf dem Oser und erreichen die Badestelle am Ostersee. Hier haben wir Zeit zum Rasten, denn unsere heutige Tour ist nicht sehr lang. Wenn Jahreszeit und Wetter nicht zum Baden animieren, kann man in Ruhe die Wasservögel beobachten, die dieses Naturschutzgebiet als Lebensraum so dringend benötigen.

Unser Weiterweg bringt uns zu dem von der Lauterbacher Mühle kommenden Prälatenweg. Wir halten uns links, folgen aber der Straße nur kurz und queren durch das Schilf- und Feuchtwiesengelände in Richtung Iffelnsdorf. Unterwegs fallen uns einzelnstehende Hügel auf, auch sie haben ihren Ursprung in der Eiszeit. Diese Hü-

Heuwinkelkapelle bei Iffeldorf

gel werden Kames genannt und bildeten sich durch Ablagerung von Schotter zwischen den Eisblöcken. Nach dem Schmelzen des Eises blieben diese typischen Hügelformen zurück. Zwischen Wiesen und Weideflächen erreichen wir schließlich den großen Wanderparkplatz bei Iffeldorf.

Iffeldorf: Am Südrand der Osterseen liegt die schon im 12. Jh. urkundlich genannte Gemeinde. Wie viele Orte des Pfaffenwinkels wurde Iffeldorf mehrmals ein Raub der Flammen. So fiel Ende des 17. Jh. auch die Pfarrkirche einer Brandkatastrophe zum Opfer. In Iffeldorf, damals eine Hofmark des Klosters Wessobrunn, wurde 1707 die heutige Pfarrkirche St. Vitus und Margaretha erbaut und mit hervorragendem Stuck und Deckenbildern von Johann Jakob Zeiller versehen.

Haubentaucher

Außerhalb Iffeldorfs liegt das Marienheiligtum auf dem Heuwinkel, einem kleinen Hügel am Rande der Ortschaft. Die Wallfahrtskirche wurde 1698 von Johann Schmuzer erbaut. In ihrer Pyramidenkuppel zeigen Ölgemälde alttestamentliche Vorbilder Mariens.

Wir steigen vom Wanderparkplatz links die Straße nach Iffeldorf hinauf, gehen geradeaus am Gasthaus Post vorbei, bis nach rechts der Höhenkirchener Weg abzweigt. Diesem folgen wir in die Felder hinaus und sehen linker Hand bereits die Heuwinkelkapelle. Wir marschieren aber weiter, bis wir vor der Autobahn auf den Prälatenweg treffen. Jetzt halten wir uns nach links und wandern zur Heuwinkelkapelle zurück.

Bei der Kapelle, gleich am Parkplatz, biegen wir auf einen durch die Wiese führenden Pfad und erreichen die Straße nach Staltach. Auf dem Fußgängerweg spazieren wir nach Staltach, am Bahnübergang halten wir uns links und gehen durch die Alpenstraße bis zu einer Orientierungstafel. Hier folgen wir dem Hinweis zum Sportplatz. An diesem vorbei wandern wir, bis kurz vor dem Gut Staltach ein Weg nach rechts führt, der uns wieder zum Parkplatz bringt.

Gehzeit:	3–4 Stunden
Besonderer Hinweis:	Leichte Wanderung mit Badespaß
Anfahrt:	Seeshaupt – Staltach; Penzberg – Staltach
Ausgangspunkt:	Staltach, Parkplatz am Bahnhof
Einkehrmöglichkeiten:	Iffeldorf, Gasthaus zur Post; Staltach, Staltacher Hof
Baden:	Ostersee

Wander-Tips

Tragen Sie nur gutes Schuhwerk. Leichte, wasserfeste Wanderschuhe sind für die in diesem Buch beschriebenen Routen ausreichend. Bedenken Sie, daß bei plötzlichem Regen oder nassen Wegstellen normale Schuhe aufweichen können. Blasen an den Füßen sind die unangenehme Folge.

Da auch bei schönstem Sonnenschein das Wetter schnell umschlagen kann, sollten Sie immer einen Regenschutz dabei haben.

Proviant, speziell etwas zum Trinken, ist besonders wichtig, wenn Sie mit Kinder wandern. Schokolade und ein kräftiger Schluck Saft muntern auch den kleinsten Nachwuchs-Wanderer auf.

Die angegebenen Wanderzeiten sind bequeme Gehzeiten, größere Rastpausen sind nicht enthalten. Planen Sie deshalb Ihren Zeitbedarf entsprechend großzügig.

Nehmen Sie in Natur- und Landschaftsschutzgebieten, aber auch auf den nicht geschützten Wanderstrecken, Rücksicht auf die Tier- und Pflanzenwelt.

Bleiben Sie in Naturschutzgebieten unbedingt auf den vorgegebenen Wegen. Die Tiere gewöhnen sich an die Wanderer auf den sogenannten festen Wegen und sind hier weniger scheu. Menschen neben oder abseits der gewohnten Wege werden als Gefahr eingestuft und veranlassen die Tiere zur Flucht.

Pflücken Sie keine Blumen. In Schutzgebieten ist es verboten, und für die übrigen Strecken gilt, daß auch die Wanderer nach Ihnen sich noch an den Blumen erfreuen wollen. Wer sich in der Bestimmung der Blumen nicht auskennt, pflückt unabsichtlich seltene und geschützte Pflanzen.

Nehmen Sie die empfohlenen Wanderkarten mit. In Zweifelsfällen oder wenn Sie die Wanderung abbrechen wollen, finden Sie dort beispielsweise kürzere Rückwege verzeichnet.

Beachten Sie aber, daß durch die zur Zeit durchgeführten Flurbereinigungsverfahren neue Straßen gebaut wurden, die nicht immer in den Karten enthalten sind.

Kleiber an der Nesthöhle

Die Landschaft des Pfaffenwinkels

Die reichgegliederte Landschaft des Paffenwinkels wurde über Jahrtausende hinweg modelliert und gestaltet. Die Auffaltung der Alpen und die späteren Eiszeiten sind die Hauptereignisse, die den heutigen Formenschatz schufen.

Der Untergrund des Pfaffenwinkels besteht aus Molasse. Das sind Sedimente (Ablagerungen des einst das Alpenvorland bedekkenden Meeres), die sich in den Senkungströgen vor aufsteigenden Gebirgen bilden. Die Mächtigkeit dieser Sedimente kann am Alpenrand mehrere tausend m erreichen und nimmt mit zunehmender Entfernung vom Alpenrand ab, die Donau bildet die nördlichste Verbreitungsgrenze der Molasse. In unserem Bereich wird die Molasse fast völlig durch die Ablagerungen der verschiedenen Eiszeiten überdeckt. Nur bruchstückweise tritt sie an die Oberfläche, so als nicht oder nur sehr wenig von Eiszeitablagerungen überdeckte Erhebungen wie der Hohe Peißenberg, der Schnaidtberg und der Kirnberg. Auch die riegelartigen Höhenrücken beispielsweise bei Murnau zwischen Staffelsee und Murnauer Moos und der Guggenberg bei Peißenberg werden von ihr gebildet. Freigelegt wurde die Molasse auch durch die Erosionstätigkeit der Flüsse, besonders die Ammer hat sich zwischen Altenau und Böbing schluchtartig einen Weg durch sie gebahnt.

Später wurde der Pfaffenwinkel durch die eiszeitlichen Vorgänge, durch Erosion und Ablagerungen deutlich geprägt. Die Gletscherendstände der letzten Eiszeit, dem Würmglazial (vor 60000 bis 10000 Jahren) lagen vor den Toren Münchens, das ganze Gebiet des Pfaffenwinkels war bis auf wenige Ausnahmen zeitweise völlig übergletschert. Während und nach dem Abschmelzen des Würmgletschers entstanden die Formen, die auch heute noch das Landschaftsbild bestimmen. Besonders eindrucksvoll ist dieser glaziale Formenschatz im Bereich der Osterseen ausgebildet. Hier findet man auf kleinem Raum beinahe alle eiszeitlichen Relikte wie Schotterfluren, Kames, Oser und Toteislöcher bzw. -kessel. Weiter westlich tritt bei Eberfing die letzte wichtige glaziale Akkumulationsform auf, der Drumlin. Noch weiter im Westen sind vermehrt Randlagen des Gletscherrückzuges ausgebildet, zum Beispiel bei Wessobrunn oder Bayersoien. Dazwischen liegen größere Schotterflächen wie das Peitinger Schotterfeld, das sich zwischen Klavarienberg und Schnaidtberg erstreckt. Zu den wichtigsten Ablagerungsvorgängen der Nacheiszeit gehören die fluviatilen Um- und Ablagerungen (Kiesbänke, Schwemmfächer), Ausbildung von Kalktuff, beispielsweise bei Polling, sowie die Verlandung und Vermoorung der Seen. Örtliche Ereignisse wie Bergstürze, Hangrutsche oder Bodenabspülungen nach Rodungsphasen formten und formen noch heute das Landschaftsbild.

Als letzter begann der Mensch, den Pfaffenwinkel durch die landwirtschaftliche Nutzung zu gestalten. Das Roden der ursprünglichen Wälder brachte Wiesen, Weiden und Felder. Nun konnten sich zahlreiche Tier- und Pflanzengesellschaften ansiedeln, die in geschlossenen Waldflächen keine Lebensmöglichkeiten hatten. Schwer zu bewirtschaftende Flächen wie Moore oder Streuwiesen wurden jedoch nicht oder nur einmal im Jahr genutzt. Dadurch konnten sich empfindliche Tier- und Pflanzenarten halten und zur heutigen Vielfalt der heimischen Flora und Fauna beitragen.

Erst die in unserer modernen Zeit einsetzende intensive Landnutzung mit Entwässerung der Moore und Feuchtflächen, der starken Düngung und dem Einsetzen chemischer Wirkstoffe zur Unkraut- und Insektenbekämpfung führt zu einer Verarmung unserer Tier- und Pflanzenwelt. Durch Unterschutzstellung der noch verbliebenen Reste der ursprünglichen Lebensräume erhalten die gefährdeten Arten die Chance zum Überleben.

Der Wanderer soll zwar bewußt die in der Natur anzutreffenden Tiere und Pflanzen erleben, aber nicht stören. Durch sein verantwortungsvolles Verhalten kann er wesentlich zum Erfolg des Artenschutzes beitragen.

Die Lebensräume (Biotope), auf die man bei den einzelnen Wanderungen trifft, lassen sich in einer, allerdings sehr groben, Einteilung untergliedern:

Wälder bieten vielen Tierarten Schutz. Sie sind um so belebter, je weniger sie den Charakter einer Monokultur aufweisen. Mischwälder sind in ihrer Vielseitigkeit Heimat einer Großzahl unseres Tier- und Pflanzenbestandes. Neben dem Schutz durch die Deckung bietet der Wald auch vielen Tieren Brut- und Nahrungsplätze. Aber

Staffelsee, Blick auf Murnau und den Jochberg

Wald ist nicht gleich Wald, so finden wir im Buchenwald – der natürlichen Waldform der Voralpen – eine andere Lebensgemeinschaft gegenüber beispielsweise den Au- und Bruchwäldern an unseren Flüssen. Total verarmt zeigen sich die Fichtenmonokulturen, ohne einen natürlichen Bodenbewuchs bieten sie kaum noch Lebensmöglichkeiten für Tiere. Nur durch Anbringen künstlicher Nisthilfen kann der Forstmann ein paar Meisen in eine derartige Monokultur lokken, diese sollen Waldschädlinge wie den Borkenkäfer kurzhalten. In Mischwäldern hingegen siedelt sich eine artenreiche Gemeinschaft praktisch von alleine an, besonders wenn auch alte und abgestorbene Bäume stehen bleiben, die mit ihren Löchern und Spalten bereits ausreichend natürliche Brutplätze bieten. Zusätzlich meißelt der Specht seine Höhle, die in den Folgejahren anderen Höhlenbewohnern als Wohnung dient. Hohltaube und Dohle profitieren von der Arbeit des Schwarzspechts; Haselmaus, Siebenschläfer, Star und verschiedene Meisenarten beziehen die Höhlen des Buntspechts. Aber auch Bienen, Wespen und Hummeln gehören zu den Höhlennutzern, ebenso verschiedene Fledermausarten.

Gebüsche und Hecken sind ein weiterer Lebensraum, der von Menschen geschaffen wurde und eine artenreiche Flora und Fauna beherbergt. Auch in diesem Biotopbereich wurden im Rahmen der intensiven Bodennutzung durch frühere Flurbereinigungsmaßnahmen und maschinengerechte Begradigungen viele Hecken und kleine Feldgehölze entfernt. Die Deckung für Hase und Rebhuhn war damit verschwunden, der Rotrückige Würger (Neuntöter) verlor seinen Brutplatz, und Igel, Wiesel sowie Eidechsen büßten ihren Unterschlupf ein. Heute bemüht man sich, die „Sünden der Vergangenheit“ gutzumachen und durch Neuanpflanzungen den Lebensraum Hecke neu aufzubauen.

Trockenes Grasland, Trocken- und Halbtrockenrasen sind die Heimat vieler Schmetterlingsarten und einiger unserer streng geschützten Orchideen. Trockenrasen finden wir im Pfaffenwinkel speziell an Südhängen der Moränenhügel und Schotterkegel. Frühere Beweidung verhinderte den Waldwuchs, der wasserdurchlässige Boden ließ nur eine an die Trockenheit angepaßte Pflanzengesellschaft aufkommen. So blühen hier im Frühjahr die Küchenschelle und der Frühlingsenzian (Schusternagerl). Im Herbst finden wir die Silberdistel und den Gefransten Enzian.

Einen weiteren in sich geschlossenen Lebensraum bilden die *Moore und Feuchtwiesen.* Artenarm sind die Hochmoore, sie beziehen ihr Wasser nur über den nährstoffarmen Regen. Neben den torfbildenden Moosen finden wir nur wenige Pflanzenarten. Einige haben sich hier spezialisiert, der Sonnentau beispielsweise fängt mit seinen klebrigen Stieldrüsen Insekten und ergänzt mit dieser hochwertigen Nahrung seinen Nährstoffbedarf. Einige Schmetterlingsarten sind auf Moorvorkommen angewiesen, ihre Raupen fressen an den Sträuchern der Rausch- und Preiselbeere. Einer der bekanntesten Moorbewohner, der allerdings heute im Pfaffenwinkel nur noch selten angetroffen wird, ist das Birkhuhn. Mit dem Verschwinden großer, zusammenhängender Moorgebiete ist auch das Birkwild ausgeblieben.

Torfstich bei Wessobrunn

Abendnebel im Machtlfinger Moos bei Erling

Streuwiesen, früher einmähdig zur Streugewinnung genutzte Feuchtwiesen, weisen eine große Anzahl unserer geschützten Pflanzen auf. Stengelloser Enzian, Mehlprimel und Trollblume gehören ebenso dazu wie die Sibirische Schwertlilie und viele Orchideenarten, besonders fast alle Knabenkrautarten. Neben dem Trockenlegen und Düngen ist dieser Biotop auch durch das Brachliegen gefährdet. Die Artenvielfalt einer Streuwiese kann nur erhalten werden, wenn die späte Mahd einmal im Jahr durchgeführt wird. Die Naturschutzbehörden unterstützen und bezuschussen den so pflegenden Landwirt im sogenannten Wiesenbrüterprogramm, damit die Bruträume von Brachvogel, Braunkehlchen und Feldlerche erhalten bleiben.

Einer unserer wichtigsten Biotope sind die *Gewässer:* die Bäche und Flüsse ebenso wie die Weiher und Seen. Gerade in diesen Regionen sind die menschlichen Eingriffe besonders tiefgreifend. Der Ausbau der Flüsse läßt nur noch wenige naturnahe Bereiche überleben, durch unkontrollierten Bade- und Bootsbetrieb werden Schilfzonen zerstört, See- und Teichrosen vernichtet. Aber auch die Vogelwelt der Seen reagiert empfindlich auf Störungen während der Brutzeit, manche Arten sind verschwunden (Blaukehlchen, Rotschenkel) oder nur noch in Einzelfällen (Rohrweihe) anzutreffen. Weil an unseren Bächen die Wasserqualität meist noch stimmt – es sei denn, natürlicher oder künstlicher (chemischer) Dünger wurde im Uferbereich ausgebracht – können wir hier neben der Bach- oder Wasseramsel auch noch den farbigen Eisvogel beobachten. Im Wasser sehen wir neben den bachbewohnenden Fischarten auch einmal einen Edelkrebs.

Der Pfaffenwinkel bietet eine Fülle von Pflanzen- und Tiergesellschaften, und wir sind alle aufgerufen, durch unser Verhalten ihr Überleben zu ermöglichen. Auch die nach uns kommenden Wanderer sollen sich noch an diesem schönen Fleckchen Erde erfreuen können.

Landschaft am Lech, Nähe Schongau

Steingaden, ehem. Prämonstratenserkloster

Bildnachweis

Wilfried Bahnmüller: Seite 11, 16, 22, 39, 47, 53, 60, 69, 75, 83, 96, 100, 104 (2), 108, 112, 116, 128, 135, 137, 138, 140, 141,
Johann Dietrich/Johann Heilbock: Seite 12, 20, 25, 27, 31, 35, 36, 40, 43, 44, 48, 56, 57, 59, 65, 66, 71, 73, 74, 79, 84, 85, 88, 89, 92, 97, 109, 117, 120, 124, 129, 132
Bildarchiv Huber: Titelfoto
Volker Linn: Kartenskizzen

Radeln und Wandern in Oberbayern

Erleben, Entdecken, Kennenlernen.

901

ISBN 3-924012-04-0

902

ISBN 3-924012-16-4

903

ISBN 3-924012-22-9

904

ISBN 3-924012-23-7

Jeder Band DM **19.80**
Format: je 20 × 13 cm
mit Karten, Fotos, Illustrationen

- informativ, übersichtlich
- ansprechend gestaltet
- von Autoren „life“ erwandert
- familiengerecht

Wanderführer

STÖPPEL VERLAG